AKA
Louis

SALUTATIONS A MES FRERES EN IVRESSELS

Addenda Au 'Frère' / Un Essai Poétique

/ / /

© 2021, AKALouis
© *Silent N'Wise/Silencieux XSage*
Couverture,Textes et Artwork
Par AKA Louis
/ Les Pages 14 & 716/691&1336
contiennent,
Un Fragment,De La Création
D'Adam,Par Michel Ange /
Édition : BoD – Books on Demand,
12/14 rond-point des Champs-Élysées,
75008 Paris
Impression : BoD - Books on Demand,
Norderstedt, Allemagne

ISBN : 9782322377633

Dépôt Légal: Août 2021

Table Des Matières

I/ PREAMBULE

II/ UN ESSAI POETIQUE

SALUTATIONS A MES FRERES EN IVRESSE/S

Vol./1

/J'/Ai Eu L'/Intuition
D'/*Être*/
Arabe///

X/ J'/Ai Eu Un Frère/
Pour me/
Reconnaitre/ *comme*
Lui/ *Même*///

/AKA/

La Rose/ Arabe/

N'/A pas/
D'Explication/s/

/AKA/

Les Persans, s'Appellent, *Les Frères,* Ils Le Méritent.

/AKA/

J'/Ai Entendu/
La/ Langue/ Arabe///

X/ Je L'/Ai
Epousée///

/AKA/

Sans/ La Coupe/
De
Vin///

*Je/ N'/Aurais
Appris
À Être// Heureux
X/
À/ Sourire//*

/// Où/
Sont/ Les
Parfums De
Safran///?/

/AKA/

AKA

Louis

SALUTATIONS A MES FRERES EN IVRESSE/S

Addenda Au 'Frère' /
Un Essai
Poétique

/ / /

Témoignage d'Engagement/
d'/Ivresse/s
& De Rédemption/

AK.

Ce N'/Est pas *Parce
Que/ Tu N'/As pas*

*La Même
Couleur que moi/*
Que
Tu N'/Es pas mon
Frère///

///

*Qui Fut L'Un/
Avant L'/Autre///*

*/// Je Ne Sais/
Pas/
Est Une Réponse///*

/AKA/

J'/Etais Arabe/
Avant La Venue/
Au/
Monde///

/AKA/

Pré/Ambule/

/ J'Ai bu
Du Vin
Avec des Perses /

Autour D'Une
Table Fleurie
x Garnie /

'AKA'

/Ma Colère *Est Sacrée*/

Elle Fait Fleurir des
Roses///

Qui ne Tolèrent
Pas La Présence
Du Mal / / /

'AKA'

Il Y a Un Choix/ à faire
En Ivresse/s...

Quand *On En Choisit Une*
On ne Choisit
Pas *L'Autre...*

'AKA'

1/Salutations à mes Frères En Ivresse/s /

Le Recueil, De Poésie,

Intitulé,

'Le Frère', Et Publié,

Un Peu, Trop

Rapidement, Fin 2018,

Est Un Echec, Artistique,

Par Son Manque,

d'Inspiration,

Malgré Quelques Bons,

Textes,

Et Un Sujet De Fond,

Très Original,

Reposant, Sur Des faits

Concrets.

///

Par Le Présent, Opus

d'Essai Poétique,

*'Salutations à mes Frères
En Ivresse / s*

/ Addenda Au 'Frère'

*/ Témoignage d'Engagement,
d'Ivresse / s,
& De Rédemption'*

Nous Nous Proposons,

Par Soucis,

Du Lecteur,

Et Par Considération,

Face Au / x Manque / s,

d'Explication / s,

De Combler,

cet Echec,

En Allant,

Dans Les Profondeurs,

d'Un Parcours,

Intrépide,

Et d'Une Poésie,

Inattendue...

///

///

L'Expérience, De

L'Ivresse,

Est Une Grâce,

Lorsqu'On Sait, En Tirer,

Parti...

Elle Offre,

*Des Perspectives, Aux
Conséquences,*

Considérables...

Toute La Culture,

De L'Ivresse,

Du Sous Continent, Indien,

d'Asie, Centrale,

23

De La Poésie,

Perse, d'Iran,

De La Péninsule, Arabe,

A Produit, Des

Miracles, *En Termes,*

De Sciences, Humaines,

De Sciences, De

Savoir, d'Aperçu/s

Philosophique/s,

d'Humanisme/s, Et
d'Humanité/s,

De Rédemption,

De Salut, Pour Les

Sans Salut,

Dans Tout Le Concret,

De La Dignité,

Humaine,

Et De La Considération,

d'Une Vie, Positive...

///

Nous En Témoignons,

Par ce Livre,

*Notre Hommage, à des
Personnes, Connues,*

Et Le Partage,

d'Eléments, Essentiels,

à La Compréhension,

d'Une Vertu, Insolite...

/ / /

Ce Livre, Est Un
Témoignage...

Il *Ne Fait pas La
Promotion, d'Attitudes
Dangereuses...*

Mais Prône, *Le Respect,
& L'Amour Du Prochain.*

/ / /

/AKA Louis/

2/Avertissement/s /

Il N'Est pas Dans Notre

Education, De
Raconter, Notre Vie.

Mais De Même,

Que Nous Avons,

Eté, Piégés,

Sur Le Plan, Humain,

Et Social,

De Même,

Nous Avons Voulu,

Répondre,

Par Le Choix, De

Thèmes, Précis,

Face à L'Hypocrisie,

Dont Nous Avons

Eté Victimes...

/ / /

Nous Avons

Eté Très Impliqués,

En Termes,

d'Education,

Et Nous Avons,

Bénéficié,

d'Un Milieu, Culturel,

Très Riche...

/ / /

C'Est La Raison,

Pour Laquelle,

Il Nous A Parut,

Difficilement,

Compréhensible,

Que La Morale,

Soit Tant En

Echec,

Face Au Trivialisme,

De La Loi,

Du Plus Fort...

/ / /

Le Parti Pris,

De *L'Humanisme,*

Est Nécessairement,

à Perte,

Dans ces Conditions,

Mais Il Demeure,

Une Nécessité,

Sans Laquelle,

Aucune Culture,

Ne Saurait Avoir,

De Sens...

/ / /

L'Homme Le Plus,

Acquis, à La

Violence,

Ne Peut Rien,

Face à La Vérité, La

Plus Terrible...

La Vérité,

Tue,

L'Insincère,

Dans Le
Cœur,

Mais La 'Vérité,

Fera, De [Nous], des

Hommes, Libres...'

Disait,

Le Christ,

connu, Sous Le Nom,

De Jésus,

Et Respecté,

comme Prophète,

Et Saint Patron,

Dans Le Commun,

Du Soufisme...

/ / /

La Question,

Du Verbe,

comme Salutaire,

Nous A Obligé,

A Aborder,

Le Thème,

De La Poésie,

Et Peut Être, De Manière

Un Peu Trop Récurrente,

Celui, De

La Musique, Urbaine...

Qui *Dans Son Fait,*

Social,

Pose Des Questions

Educatives,

Touchant,

Aussi Bien Au,

Mal,

qu'à La Quête,

Des Origines,

à Leur Perte,

à L'Oubli De Soi,

à L'Inversion

Des Valeurs,

Prônées, *Pour Cause*

De Matérialisme,

Ou De Projet Politique,

Opaque...

/ / /

Nous Avons, Osé,

Accorder,

à ce Type, De Musique,

Une Vertu Salvatrice,

Pour Ceux,

Qui Peuvent, Lire,

Entre Les Lignes,

Pour *Avoir Gardé,*

Le Sens, De

L'Education,

Malgré, Les Sirènes,

Et Les Ronces,

Des Fleurs,

Du Mal...

/ / /

Ce Livre,

Contient,

Des Eléments,

De Vie,

Personnels,

Et Evoquent,

L'Existence,

d'Anciens, Amis.

A

Aucun Moment,

Nous N'Evoquons,

Leurs Noms,

Ni Ne Souhaitons,

Révéler,

Leur Identité.

Il Nous A Semblé,

Incontournable,

*De Proposer, Des
Exemples,*

Concrets,

De ce Que Le
Contentieux,

Entre Communautés,

Et *Bien, Au Delà,*

Dans La Singularité,

Des Individus,
comme, De La

Fraternité,

La Plus Insolite,

Pouvait,

Avoir De

Valeur,

d'Enseignement,

Imprévisible...

/ / /

Nous Laissons,

Au Lecteur,

Le Soin, De Juger, Par

Lui, Même,

Avec L'Esprit,

Critique,

Le Plus Audacieux,

Et La Sensibilité,

Humaine,

Qui fait, La
Sincérité...

///

Nous Ne Disons, Au

Lecteur,

ce qu'Il Doit Penser,

*Et Ne
Prétendons,*

à Aucun Moment,

Proposer,

Des Systèmes,

De Vérités,

Ou, Une Philosophie,

Quelconque.

Notre *Témoignage,*

Est Artistique,

Et Fondamentalement,

Poétique.

Il Repose, Sur
L'Improvisation

Verbale,

Plutôt, Que Sur

L'Ecriture.

Notre OEuvre d'Essais

Poétiques,

Constitue, *Plus Une*
Transcription,

De Littérature,

Orale,

Que Des Efforts,

De Produire,

Une Rédaction,

Que L'On Pourrait,

Appeler,

Littérature,

Au Sens Classique.

/ / /

Nous Ne Faisons,

Pas d'Efforts,

De Rédaction.

Nous Improvisons, Tous

Nos Textes,

ce Qui En Fait,

Des Performances,

Sur Le Plan,

Artistique,

Bien Qu'Il N'En Reste

Que Des Livres,

Pour En Témoigner...

/ / /

Le Texte, Est Ici,

Presque Toujours,

Un Premier, Jet.

Nous Songeons,

A

La Forme,

Et Au Contenu,

Afin que L'Expérience,

De Lecture,

Soit La Plus

Honnête, Possible.

/ / /

'Salutations à [Nos] Frères
En Ivresse/s...'

Est Un Livre Important

Pour Nous.

Il N'Est pas Auto/Biographique

Exclusivement,

Mais Nous Permet,

De Clarifier,

Nos Intentions,

Et Notre Projet,

Poétique/s...

3/Le Parfum De La Prosodie /

Le Parfum De La Prosodie

Est

L'Aspiration,

à Parvenir,

Au Réel,

Par L'Harmonie,

Musicale...

La Langue Arabe,

Par Les Sons,

Purs,

Et Les Lettres,

Pures,

En Tracés, Purs,

De Calligraphie,

Esquisse,

Le
Chemin,

De L'Intuition,

Pure,

Et De L'Iconoclasme,

Du Réel,

comme, Mélodie,

Significative,

Evocatrice,
Du
Silence, Des
Confins De L'Âme,

Pour Une Meilleure,
Appréhension
Du
Ressenti...

Au Delà De Toute
Considération/s,

d'Intellectualisme,

Et De Parti

Pris, De L'Etude, Sans
Connaissance,

De Soi,

Ou De Critique,

Sans Dépassement,
Des
Préjugés...

/ / /

En Cela, L'Islam,
comme

Culture,

Et Non comme,
Religion,

c'Est à Dire, comme
Pratique,

Et Vécu,

Plutôt, que comme
Théorie,

Est Une Culture,

De Beauté, d'Art,

Et De Respect,

De L'Humanisme,

comme Source,
d'Enseignement,

Et Voie De L'Elévation

De L'Âme...

La Musique,

Est Une Science, Du
Pardon,

Et De La communication
Des
Cœurs,

Là Où L'Harmonie,
Et La Disharmonie,

Produisent,
La Dissonance,
Révélatrice, Et

Pertinente,

De La Bonne Foi,

face Au Mal.

Face, Aux Jugements,

Pour
Contrer,

La Mauvaise Foi.

///

/// La Prosodie,

Est La Musique,

Des Mots,

Et L'Harmonie,
Des Lettres...

///

La Synesthésie,

Accorde, *Ou*
Reconnait,

Formes, Et Volumes,

Signification,

Dynamisme,

Et Couleurs,

Aux Sons, Aux Lettres,

Et Aux Images...

///

Voir La Musique,

Est La Capacité,

Des Synesthètes,

Qui
Contemplent, La Vie

Des
Mélodies,

Des Sonorités,

Des Ambiances,

Et Paysages,

Musicaux,

En Tableaux,

Atmosphériques,

Où, La Forme, N'Est
pas
La Même,

Que Sur Le Plan

Physique,

Mais Où Sa Part,

De Réalité,

Ne fait pas De
Doute...

Pour Être Capable,

d'Interroger

Son Lecteur...

///

Chaque Langue, Est

Une Musique,

Et Chaque

*Musique, Est Un
Langage.*

Entendre Parler,
Une Langue Qu'On ne
Comprend Pas,

*c'Est Respecter Sa
Musique,*

Sans Chercher,

à La Sonder.

Pour Comprendre La

Musique,

Il faut L'Aimer,

Celui Qui Ne L'Aime,
Ne
Peut La Comprendre...

Il En Va de Même

De La Mélodie,

Des *Maux/Mots,*

Qu'Une Langue *Soit Parlée,*
Ou
Non...

Qu'Elle Soit *Maitrisée,*

Ou Apprivoisée,

Elle Demeure,

En Son Cœur,

comme Une Mélodie,

Un Langage,
Impénétrable,

Sauf Par Le Cœur,

Et La Sincérité

De L'Âme...

L'Arabe,

Est Langue Poétique
Du
Réel, à Nos
Yeux,

Elle Synthétise,

Par Sa Mélodie,

L'Ensemble,

Des Pratiques

Musicales,

Que Sont Le Rythme,

L'Harmonie,

Les Accords,

Les Notes, Et Les

Tonalités,

La Fluidité,

La Vitesse,

Le Tempo,

Le Temps, Et La

Mesure,

Le Volume,

Ou Plutôt,

La Vélocité,

Face à L'Imprévu,

De L'Improvisation

De la
Science,

Poétique...

/ / / La Musique,

Est Inhérente,

à La Langue Arabe,

Toute OEuvre Poétique,

Est Par
Contraste,

Une OEuvre Musicale...

La Musique,

Est Dite,

Interdite,

Mais d'Où Nait La Poésie?

Au Cœur,

Du Réel, Et De La

Source, Des Âmes,

Du Langage Universel,

Ou De L'Unicité Du
Réel,
comme Harmonie/s...

'... *Je*/ *Sais*/ Pourquoi
Je
Vous/ Appelle/ *mon*
Frère/ / /

C'/*Est Rien*/ *c'*/*Que Vous*
Avez...

...'

/*Extrait de La Nouvelle*
Intitulé/ *'Le Frère'*...
Disponible Sur Le Blog
De AKA Louis/

52

4/ Éléments
d'Auto/Bio/Graphie /

Né En 1980.

Nous Avons Toujours Eu des
Activités Artistiques, Et Nous Avons
Commencé à Dessiner Dès Notre Plus Jeune Âge.

Nous Sommes Devenu Mellowman Très Jeune,
Vers L'Âge, de Onze, Ans, Et Avons Fréquenté des
Érudits de La Musique...

Nous Avons Commencé à Écrire à Onze,
Puis, Après des Années, Notre Premier
Poème Valable, Est Venu, Sous Une Plume,
Hésitante, *Après Une Peine,*
de Cœur. C'Etait à L'Âge de 19 Ans.

Nous N'Avons Presque *Pas Cessé d'Ecrire Depuis.*

Nous Sommes Resté de Longues Années,
sans Dessiner, Puis Avons Repris Le Dessin,
à L'Âge de 35 Ans...

Nous Avons Commencé La Création, Musicale,
à L'Âge de 27 Ans...

Nous Avons Pour Ambition de Devenir
Artiste, Peintre...

Notre Cursus, Est Essentiellement,
Littéraire Et Artistique...

Nous Avons Voyagé En *Afrique*, Et En *Afrique* du
Nord,
Dans Notre Prime Enfance, Et Notre Enfance.
Nous Avons Également Voyagé dans Le Désert,
Et Connu Les Enfants des Rues, *de La Casbah*.

Nous Avons, Également, Voyagé,
Aux Caraïbes, Près de La Péninsule,
Ibérique, Et *En Europe Centrale, Entre*
Autres...

Nous Sommes *Non Arabophone,* Et
Illettré En Arabe, Mais La Langue Arabe,
Est Une des Premières, Langues, que Nous
Ayons Entendues dans Notre Vie.

En 1999, Nous Avons Prononcé *La Shahada,*
Une Première Fois, *Entre L'Éclipse de*
Soleil du Mois d'Août, Et La Tempête, de
Fin d'Année Au Mois de Décembre.
Nous Avons Fait cette Attestation,
Après Le Partage, d'Un Moment,
d'Ivresse, Avec Un Ami, d'Origine
Perse, Sur Son,
Invitation, Et Plusieurs Semaines, Après
Avoir Pris Un Engagement Avec Lui, *Sur*
Notre Invitation. Le Thème Était/:
Un *Dieu Unique,* Par Le Cœur, Au Delà,
de La Religion...

Plus Tard, à La Même Époque, *Nous*
Avons Été Défiés Sur Un Plan Religieux,
Par Un Homme, Âgé, Aux Cheveux Blancs.
Cela Nous A Beaucoup Perturbé.
Ensuite, Nous Avons Connu des Épreuves
Difficiles. Puis, Nous Avons Longuement Cheminé,
Et Cherché, Durant des Années, En Solitude,
Et Bibliothèque, Et Par Le Biais de Rencontres.
Nous Avons Côtoyé des Gens Parlant L'Arabe,
Et d'Autres Portant des Dreadlocks.
Entre Les Dreadlocks Et La Barbe, Nous Avons,
Choisi La Barbe.
Nous Avons Vécu des Expériences Insolites,
Qui se Sont Mal Terminées...
Après Plusieurs Accidents, Nous Avons
Réappris à Vivre.
Nous Avons Commencé à Travailler,
dans Le Domaine de L'Éducation.
Puis, Nous Avons Eu, Un Nouvel Accident.
Après Cet Accident, Alors que Nous Marchions
Désespérés dans La Rue, Nous Avons Été
Interpellé, par Un Inconnu, *Un Homme, Vêtu*
En Habit de Prière, se Dirigeant
Vers La Mosquée. Il Descendait La Pente,
Menant à L'Intersection, Et Vînt à Notre
Rencontre. IL Nous Prit, La Main,
Et Ne La Lâcha, Plus.

Il Nous Parla Comme s'Il Nous,
Connaissait. Puis, Il Pris Nos Mains,
Et Pria Pour Nous. Il Nous Bénit, Et Nous
Parla En Arabe, En Prononçant des Mots
Précis. Puis Il Nous Quitta En Nous
Lançant des Encouragements.

Quatre Ans Plus Tard, Nous Nous Sommes
Rendus à La Mosquée, Et Avons Embrassé
L'Islam de Manière Orthodoxe. Nous Avons Été,
Accueilli, Devant La Mosquée, Après Avoir
Demandé à Voir Un Imam.
Nous Avons Finalement Été Reçus Par *Un Frère,*
Responsable, de L'Accueil Religieux, à
La Mosquée, *Où d'Autres Frères* Officient.
Après La Rencontre, Avec Le Frère,
Qui Nous A Reçu, Et Une Longue Discussion de
Présentation, Nous Avons Été, Salué,
Par des Mots Forts, Une Poignée de Main,
Et Une Accolade. Nous Avons
Pratiqué Sérieusement Pendant Plusieurs, Années,
Puis Avons Choisi Plus tard, Une Voie
Alternative. Nous Avons Après Quitté Notre
Travail d'Éducateur, Et Depuis, Nous Nous
Consacrons Au Domaine de L'Art,
Et à La Pratique Artistique.

Notre Pratique de Piété Est Désormais *Une
Discipline Incolore de L'Au Delà de La Lettre.*

AKA Louis

5/ A Propos d'Islam/
& d'Islamité/
L'Islam/ *comme/*
Culture/s/

Nous Appartenons, A Une Culture
d'Ordre Islamique, Mais Nous N'Avons
Pas La Prétention d'Être Musulman
Aux Yeux de Tout Le Monde...
Notre Pratique Relève *de La Culture,*
Et de L'Art... Pas Nécessairement,
De La Religion, *Au Sens Le Plus Commun*
du Terme.

Il N'Est pas Donné, à Tout Le Monde,
d'Apprendre Une Langue, Et de La
Connaître... C'Est Un Sujet, Qui Pourrait Être,
Développé, dans La Longueur, Mais
Nous Laissons, *à d'Autres Le Soin de Le Faire.*

Le Rapport à La Langue Est *Quasi Charnel,*
Viscéral, Sensuel, Poétique,
Spirituel, Et *Presqu'Initiatique...*

L'Univers, de La Poésie,
Est Toujours, Susceptible, d'Être,
Agrandi, Et Développé...

Nous Sommes Liés, Au/x Thème/s,
Du Retour, En *Afrique,* comme, à
Celui,
Du Départ Sans Retour,

Et De L'Exil,
Impliquant, d'Envisager,
L'Afrique, comme Mythe,
Ou, Origine, Impossible, Et
Insoluble.

Dans ce Contexte, Afro Latin,
Afro Brésilien,
Afro Caraïbéen,
De L'Amérique Latine,
Des Caraïbes,
Et De *L'Afrique,* De L'Ouest,

Du Flux, Du Reflux, Et De
La
Douleur, *De L'Esclavage,*

L'Islam, Apparait,
comme Un Retour, Aux Sources,
Débarrassé,
De La Supercherie,
De La Superstition,
Et *De La Reconquête Des
Origines, Perdues...*

Celui Qui Perd, Ses
Origines,
Ne Les Retrouve, Plus...

L'Islam,

Se Propose, En Héritage,
Fraternel...

Et Dans Notre Cas,

Par Notre Ascendance,

Ou, Plutôt, Par Notre Quête,
Et Efforts,
Personnels,

Au-delà de
L'Ancestralisme,

Et De La Reconnaissance,
Triviale,

Il, Est, Un Héritage,
Et Un Patrimoine,
Fraternels, De
Manière Concrète, Direct,
Et Evidente...

///

La Thématique, De L'Esclavage,
Nous A Fait, Prendre,
Parti, pour L'Islam... *comme*
Culture / s.

/ / /

De Même, qu'IL Y A Un
Africanisme,

Il Y A Un Arabisme/s,

c'Est à Dire,
Une Approche, Particulière,
Du Monde,

Arabe, comme Source,
d'Humanisme/s, d'Inspiration,
De Pratique/s, Et
d'Engagement/s,

Pour Une Concrétisation,
Des Objectifs Fraternels,

Dans Le Respect,
De La Spécificité,
Des Cultures,
De Leur/s Apport/s, Et De
Leur Sensibilité.

L'Afrique, Prône,
L'Arabisme/s.

C'Est Le Mot, Fort,
Et La Thématique, De
Nos Essais.

Nous Disons,
Que
La Langue Arabe,
Considérée, comme
Originelle,

Représente,
La Dimension
Universelle, Du Son,

Par La Prosodie.

Nous Avons Un Temps,
Songé,
à Abandonner,
La Création,
Musicale,

La Production,

De Son,

Et Le Projet, d'Une
Musique,
Contemporaine,

Mais, Le Défi,
De L'Arabisme/s,
comme Parti Pris,
Poétique,

Nous A Initié, à
Continuer,

Dans Un Cadre,
Bien Défini.

///

Nous Etudions, La
Déclamation, Depuis 30 Ans,
Et Pratiquons,
L'Ecriture,
Poétique,

Depuis Plus De
20 Ans.

Nous Pratiquons,
L'Improvisation
Verbale, Depuis 20 Ans.

Nous Avons commencé,
L'Ecriture,
La Déclamation,
Et L'Etude De La
Culture Musicale,
En Mellowman,
Au Début des Années 90.

///

La Découverte,
Du Slam, Durant Les Années,
90, Et à La Fin,
Des Années 90,
Par Le Film, *'Slam'*,
Nous A Montré,
Le Voie Poétique,
En Parallèle, Avec La Poésie,
Soufie, Arabe, Perse,
Et L'Improvisation,
Poétique,

Des Soufis, Et Des
Derviches,

Dans Un Contexte,
Moderne,

Et Contemporain,

Pour Une Proposition,
De Lettres
Marginales...

Et De Pratique,
Poétique Pure.

///

La Langue Arabe,
Est
La Langue Poétique,
Du Réel.

La Prosodie,
Ou *Chant/s, Des
Oiseaux,*

Est Une Intuition,
Vers Le Réel,
Et Un Témoignage,
*De La Réalité Suprême,
Sans Couleurs...*

/ / /

En Parallèle, Avec Le
Singulier, Et Le
Pluriel, Du Mot 'Frère', En
Arabe,

Et De L'Expression,
'Mon Frère',

Le Mot, 'AKA',
Représente,
cette Culture,

De *L'Arabisme/s,*
Prôné, Par *L'Afrique,*
Et
Notre Héritage, Direct,
Autant,
Que Nos Engagements,
Et Apprentissage,
De Parcours,
Personnel,
De Salut, Pour Les Sans,
Salut.

Au-delà, De *La Culture/s,*
Notre Croyance,
Est Orthodoxe.

/Le Parti Pris, De La Poésie,
Contre L'Esotérisme,
Est Pour Nous, *Le Parti,*
De La Lumière/

AKA Louis

/ / /

6/A Propos de Style /

Nos Textes n'Ont Pas de Prétention à La Sagesse, ou Aux Sens Cachés. Ils Constituent, Avant Tout une Invitation, à Vivre, que Nous Transmettons, après l'avoir Nous Mêmes Reçue. Nous Ne Faisons qu'évoquer des Aspects Culturels, Accessibles à Tout Le Monde, et à Celui, En Particulier, Qui Sait se Frayer Un Chemin, Malgré Les Apparences Trompeuses. La Dimension Allégorique et Métaphorique des Textes des Poètes Orientaux, est Faite Pour Éveiller la Jeunesse, et Lui Permettre de Trouver Un Espoir et Une Issue. Derrière la Façade des Plaisirs, et de la Licence, Apparentes Seulement, ce Sont Les Plus Grands Thèmes, et Les Tensions Existentielles Les Plus Épineuses, Qui Sont Évoquées Et Résolues par l'Ivresse. Sans Pouvoir Atteindre l'Intensité et La Noblesse de cette, Ivresse Pieuse, Nous Avons Choisi à Travers Nos *OEuvres*, Le But de Perpétuer Un Certain État d'Esprit, en l'Actualisant Avec l'Ère Moderne et le Style Contemporain. Les Fondamentaux du Langage soutenu Sont Là, Mais la Fantaisie, N'est Pas Absente... L'Ivresse Poétique, N'est Pas Seulement
Un Domaine, de Lettres, Mais Aussi
Une Discipline de Vie...

///

(Dans ce Livre, La Question du Narrateur, Reste Posée. Mais Ni L'Auteur, Ni Le Lecteur, Ne Sont Obligés d'Y Répondre)

2/. A Propos d'Essai/s

'Salutations à mes Frères, En Ivresse/s',
Est Notre Troisième,
Essai, Dont La Rédaction, Est, Aboutie...
Nous Avons, Déjà, Écrit, des Livres, dans,
ce Genre, Mais Deux Ne Sont pas Publiés,
Et L'Autre, Est, Inabouti...

Bien Sûr, Nous Avons Publié, Quelques
Articles, Sur Notre Blog, Et Les Pré/Ambules,
De Nos Livres, Sont Toujours,
Évocateurs...

Mais C'Est La *Troisième,* Fois, que
Nous venons, à Bout, d'Un Travail, de cet
Dimension, De Manière Satisfaisante, En Termes
De Langage, Et de Style...

Le 'Terme' d'Essai Poétique, Révèle, Notre
Ambition d'Écriture, d'Art de Création, Littéraire,
De Style Quasi, Rimé...

L'Essence, Les Sons, Et Les Sens,
Procurent, Une Expérience,
Qui Évoquent, La Récurrence, du Thème, de
L'Ivresse, dans Nos *OEuvres*, Dessins, Poèmes,
Et Écrits, Ou Vidéos,
Et Films d'Art & de Poésie/s. ///

/ / /

7/Résumé de cet Opus /

'Le Frère', Est Un Echec, Artistique.

Pour Palier, Au Manque d'Inspiration,
De ce Recueil, Qui Fut, *Le Premier,*
d'Une Série, Sur L'Ivresse, d'Inspiration
Orientale, Réactualisée,

Louis AKA, Propose, Les 28
Thèmes De Réflexion,
De *'Salutations à mes Frères*
En Ivresse/s',
comme *Un Addenda, Au 'Frère',*
Pour Combler, *Un Manque, d'Explications,*
Et Eclairer, Le Lecteur, Sur Le Parti,
Pris De L'Auteur...
En Matière De Poésie,
Fraternelle...

Autour, d'Un Parcours, De Dangers, &
De Risques, De Pari/s, Et De Témoignage/s,
De Défi/s, Et d'Amitié/s, Brisée/s...
'Salutations à mes Frères,
En Ivresse/s', Propose ... comme Un Orient
Salutaire, & Fraternel,
Ou, Poétique; La Promesse, Des
Folies De Jeunesse, Qui Aboutit, *à La Voie*
Des Sages, Par Le Seuil, Des
Derviches, *Malgré, L'Egarement, Et*
La Vertu, Intrépide... ...

/ADDENDA/

Le Grand Dictionnaire
Latin

à L'Entrée

Addo
[Addo], Addis, Addidi, Addĕre, Additum
Verbe Transitif III Conjugaison

Donne La Définition

1/ Rajouter, Donner En Plus
2/ Ajouter, Mettre En Appendice
(Dans Un Discours Ou Dans Un Texte)
3/ Inspirer Confiance, Donner Du Courage
4/ Sommer, Additionner

Sommer Pouvant
Signifier,
Avertir, Ou
Avertissement,
comme, Sommation.

/ / /

/ / /

8/La Ponctuation
Dans Le Texte /

/// Virgule/, : Une virgule marque un léger temps d'arrêt. Idem pour une coupure : (...)
Points de suspension/ ... : Les points de suspension marquent environ deux temps d'arrêt et de silence. Doubles points de suspension/ ... ... : Deux groupes de points de suspension marquent environ quatre temps soit une mesure d'arrêt.
Saut de ligne : Un saut de ligne marque une pause, bien sentie. Un saut de deux lignes marque une double pause, bien sentie. Un grand tiret/ _ : Un grand tiret marque une pause subtile, avec appui sur la dernière syllabe. Retour à la ligne : Un retour à la ligne marque un rejet d'un mot, mis en valeur au début du vers suivant, avec un appui sur la fin du vers précédent. X ou x : Un « x » signifie « et ». Tempo : La durée des temps d'arrêt ou de silence se détermine par rapport au tempo de la lecture. Ce tempo est celui d'une lecture « normale ». Elle est plutôt vive et rapide, mais laisse place aux mots. // La rythmique des textes n'est pas toujours évidente, mais elle est bel et bien présente. Le Lecteur doit retrouver la dimension verbale, et musicale poétique, et accéder ainsi à la Signification Interne.
Ces éléments de ponctuation ne sont que des indications. Leur utilisation relève parfois, aussi, de l'esthétique. L'emploi inhabituel des majuscules est pure Licence Poétique, et ne doit pas dérouter le Lecteur. ///

/Autres Éléments
De Ponctuation/

La Ponctuation, Dans Le Texte, Sur Les Ouvrages
Les Plus, Récents, Ne Dépend Pas Du Rythme,
Uniquement, *Ou* de La Structure, de La Phrase,
Mais Du Flot, De Son, Inspiration,
d'Écriture...

Il En Va De Même, Pour La Mise, En Page,
Qui Dépend, Également, du Flux, de
L'Inspiration, Et De La Vocalisation,
Dans ce qu'Elle A de Plus Poétique.

Il N'Est Pas Évident, de Dire, Ici, s'Il s'Agit,
De Prose, Ou de Poésie, Mais Le Mode,
d'Approche, des Idées, Et des Notions,
Permet, de Qualifier, Les Textes De Poétiques,
Dans La Mesure, Où L'Entendement, Se fait Plus
Par Le Ressenti, que par L'Intellect, Pur.

Ce Ressenti, N'Est Pas Émotionnel, Ou
Sentimental,
Au Sens Le Plus, Évident,
Mais Relève du Monde, de L'Âme, Et de
Son Verbe Propre...

Le Jeu, Sur Les Sens, Et Les Sons,
Mis En Scène Par La Mise, En Page,
Mettent En Valeur, La Dimension, Verbale, Et
Vocale, De Cette Création, Littéraire.
/ / /

9/Notes de Lecture /

La Religion, Ne s'Explique

Jamais, De Manière,

Théorique...

///

On Peut En comprendre,

Les Fondamentaux,

Mais ce Qui Compte,

c'Est La Pratique,

Salutaire...

/ / /

L'Expérience,

De L'Ivresse,

Est Un Exemple,

De Salut,

Par La Fraternisation,

Malgré,

La Dite, Absence,

De Salut,

Dans L'Evident,

Questionnement,

d'Une telle Pratique...

///

L'Ouverture,

Des Perspectives,

De Foi,

Dans ce Domaine,

Débouche, Sur

L'Acquisition,

Du Savoir, Par

L'Art...

La Pratique, Artistique,

Es Source,

De Sagesse,

De Clarté, Dans La Vision,

Interne,

De Qualité, Dans

L'Intuition, Humaine,

Qui Mène, Au Réel,

Et à L'Appréhension,

De La Réalité Suprême,

Au Delà,
De
Toute Divinité,

Mystérieuse...

/ / /

///

Notre Parti, Pris,

d'Une Ecriture,

Iconoclaste,

En Résulte,

Mais Nous Connaissons,

Bien Les Fondements,

De La Grammaire,

Pour Avoir Eu Un

Parcours,

En Littérature,

Classique,

En Cursus, Littéraire,

De Secondaire,

Et d'Université.

/ / /

Nous Avons Eu d'Excellents

Professeurs,

Et La Grâce, d'Un Accès,

A Une Culture,

Réservée...

///

Nous Savons, ce Que Nous

Devons,

à L'Ecole,

Mais L'Epreuve,

Pratique,

Des Tourments, De La

Vie,

Nous A Obligé,

A Quitté,

La Théorie,

Pour Une Recherche,

d'Equilibre,

Et d'Epanouissement,

Humains,

Y Compris, Insolites,

Dans Le
Contexte,

De, La Violence,

d'Une Société,

Qui Ne Dit, pas Tout,

Et Laisse, Autant Place,

à L'Initiative,

qu'à L'Echec.

/ / /

Nos Livres, Contiennent,

Malheureusement,

Toujours, Des
Coquilles,

Par Perte, De L'Attention,

Et Des Facultés,
De Concentration, Qui
Furent Les Nôtres,

Avant, Des Dérapages,

Et Accidents,

De Parcours,

Qui Nous Avertirent,

Sur L'Excès, De
L'Intellectualisme...

/ / / Nous
Espérons, *Que Nos Lecteurs,*

Nous Pardonnerons,

En Vertu, d'Une Poésie,

Qui Sait, Dire,

Plus Qu'Elle, N'Ecrit,

Et
Témoigner, Du Réel,

comme, Issue,

Miraculeuse,

Là Où, L'Impasse,

Domine...

/ / /

Il Peut Paraitre, En
Tout
Point
Hasardeux,

d'Aborder, à ce Point,
Le Thème, De

La Violence, Et De La
Mort,

Dans Un Livre, Qui
Traite, De Soufisme,

Et De Vie, Intérieure,
Notamment.

... Mais Le Témoignage,
N'Aurait Pas
Eté, Complet, Si Nous
Ne L'Avions,
Pas Fait...

/ / /

L'Objectif, Est De Mettre,
En Relief, Le Salut,
Et La Vertu, De L'Âme...

/ 11 Juillet 2021 /

Louis AKA/

/ / /

#Orient #Spirituel #Reel #Poetique
#Afrique #MoyenOrient #Asie
#Paix #Ecritures

#Coran #Bible #Judaïsme
#Thora

#Lettres #Arabismes
#Poesie #Poetes #Essai

#Theme #De #Reflexion

#Alphabet #Arabe

#Langues #Persan #Arabes
#Iraniens #Indiens #Iran #Pakistan

#GolfePersique #OceanIndien

#Ameriques #Caraïbes

#Europe #Colonisation
#Esclavage #Independance
#Modernite #TiersMonde

#Solidarite #Internationale

#EnjeuxEuropeens

#Dettes #Crise #Issues

#Livres
#Poésie #AKALouis
#LouisAKA
#Arts #Cultures
#Musique
#Exploration
#Et #Experimentation

#Voyages

Salutations
A mes Frères
En
Ivresse/s
Un Essai Poétique/

Si *Tu me Parles*
Arabe/
Tu me Parles
Un
Langage/ que Je
Peux/
Comprendre///

///

Point/ Un
Langage/ *Obscur / / /*

///

/// Je m'/En Vais/
Avec
Les/ Oiseaux///

///

Je Tutoie/ Les Colombes / / /

/// Je Disserte
Sur/
Les Roses/ X/
Les/
Parfums///

/AKA/

O/ Au Seuil Des Derviches

'Il faut Tuer Le Chat
Au Seuil,
De
La Porte'

Est Un Proverbe,

Persan,

Que Notre Premier Ami
Iranien,

Nous Soumit,

Pour Interprétation,

Sans Que Nous

Puissions, Dire,

s'Il En Appelait, à
Notre
Jugement,

Ou s'Il

Testait, Notre Sagesse...

///

Nous Fûmes, Simple,

Dans Notre,

Réponse...

Nous Ne Savions,

ce Que ce Proverbe,

Pu Dire...

///

Nous Avions Pour Habitude,

A Partir, De Nos

18 Ans,

d'Ecrire, Et d'Enregistrer

Nos Rêves...

///

Nous En Fîmes Part, à

Notre Camarade,

Qui Nous Sollicitait,

Souvent,

Pour Nos Conseils,

Et Nos

Interprétations...

Bien que Nous

Le Lui Refusions,

Il Était, De
Caractère,

Insistant,

Et Pensais, Que Nous

Avions,
Quelque Chose *à Dire.*

///

Nous Ne Sûmes, Jamais,

Si La Reconnaissance,

d'Une Sagesse,

De Notre Côté,

Fut Sincère,

Ou, Motivée, De Sa

Part,

Ou Si, ce Fut,

Un Jeu,

Auquel, Il Jouait,

comme Les Persans,

Savent, Jouer

Aux Echecs...

///

Le Chat,

Est Sacré En Orient,

Et Notamment
Chez Les
Soufis...

///

Il N'Est pas sans

Rapport,
Avec la Culture,

Des Hommes Ivres.

///

Au Delà, Du Meurtre

d'Un Animal,

Très Porté Sur La
Tendresse,

Autant que De La

Réputation
Sulfureuse,

Qui Lui Fut faite,

A Travers,

Les Siècles...

/// La Question
De
La Sagesse Est Posée

Par Le Chat,

Qui Est La Vertu Des
Hommes,
Sages,

Et Des Jeunes Gens
qui s'Engagent

Sur Un Chemin...

///

Le Chat, Fut Autant

Vénérés,
En
Egypte,

qu'Au Moyen Orient.

Il Est Respecté,

En Chine,

Et Fut Très Craint,

En Occident.

///

Il N'Est pas Hasardeux
Ou,
Exagéré,

De Le mettre
En,
Parallèle Avec Le
Dervichisme,

Ou, Avec Les
Derviches,

Dont La Culture,

Iconoclaste,

De Pauvres Qui
Arpentent,
Les Rues,

En Fait, Des
Représentants,

Légitimes,

Ou, Des Partisans,

De Son
Avatar...

///

L'Orient, Est La

Lumière...

Et Le Félin,

En Est L'Incarnation.

Il Vit La Nuit,

Voit La Nuit,

Même Lorsque Rien
Ne

L'Eclaire...

Le Chat,

Le Plus Etincelant,

Le Félin, Le Plus

Sauvage...

Intrigue, Et Interroge

L'Homme,

Sur Sa Nature, Réelle,

Et Sa Mission,

Sur Terre...

///

Il Vit De Rien,

Ou De Pas
Grand
Chose...

///

Aime Le Poisson,

Et Le Lait...

///

Pratique,

Le Calme,

Et La Sérénité,

Mais s'Avère Terrible,

Lorsqu'Il Se

Sent, Trahi...

///

Le Chat, Est *Un Héros*

Des Proverbes,

Soufis...

///

Il Est Un Enseignant

De L'Homme...

Tuer Le Chat,

Au Seuil

De La Porte,

Est Une Affirmation

Enigmatique...

Nous Ne Connaissons

Le Persan,

Et Ne Pouvons,

Résoudre,

cette Enigme...

Mais Au Delà, De
L'Orgueil,

De La Connaissance,

Il Y A Un
Au Delà De Connaitre

Qui Est
Salutaire...

///

Le Vrai Savoir,

Provient,

De L'Amour,

Que La Tendresse

Du Chat,

Incarne, à Merveille...

///

Il N'Y A pas De
Savoir

Sans Amour,

Il N'Y A pas

De *Connaissance,*

Sans Aimer...

'Qui Trahit Le Secret

De L'Amour,

Trahit,

Le Secret, De La
Connaissance...

Qui Trahit, Le Secret
De La
Connaissance,

Trahit, Le Secret

De L'Amour'

Est Un Proverbe,

Soufi,

Fameux,

Qui Dit Beaucoup

Sur Le Don Sans

Retour,

De ce qu'Est Que

d'Aimer...

///

Le Chat, Est Libre,

Et Agile,

Car Il Sait,
ce qu'Il ne faut pas

Faire...

///

Le Chat,

Est Persécuté Par
L'Homme,

///

Qui Pourtant,

Lui Doit,

La Résolution,

Des Enigmes,

De cette Terre.

///

Des Enigmes, De Sa Vie,

De Sa

Condition,

De Son Errance,

Et De Son
Vagabondage...

///

De Ses Yeux,

Le Chat Perce,

L'Insondable...

De Ses Griffes,

Il Signe,

Sa Sagesse,

Le Chat *Persan,* Est
Royal,

Le Chat *d'Orient,*

Est,
Libre,

Le Chat *d'Afrique,*

Est Intrépide...

///

Le Chat, Est Témoin,

De La Mauvaise,
Foi,

comme De La Bonne
Foi,

De L'Homme...

///

Il ne Dit, Rien

Mais N'Est pas Hypocrite

Pour

Autant,

Il Sait, ce que Se
Taire,

Veut Dire...

///

Il Parle, à *Ceux,*
Qui Peuvent

Le Voir,

Qui Savent, *Le*

Voir,

Aux Frontières Des
Réalités,

Alternatives...

Maitre, Des Sphères

Insoupçonnées

Il Témoigne,

Que *Le Soi,*

Et Le Prochain,

Sont,

Un...

///

Nul Ne Connait, Le
Zéro,

Sans En Être Digne.

///

/// La Rue, Est Le Domaine

Des Derviches...

///

La Pauvreté,

Est Leur Ecole...

/// Sans que L'On Puisse

Dire,

Si Elle N'Est que
Poétique,

Et bien qu'Elle Est
Eté,
Réelle, Et Parfaitement

Concrète,

Ou, Assumée,

Chez La Plupart, d'

Entre Eux...

///

La Vie, De
Pauvre,

Est Le Maitre Mot,

Chez Les Derviches,

Mais L'
Enseignement,

De La Pauvreté,

Est Une Approche,

Profonde,

Où Tout N'Est pas
Du Pied,

De La Lettre,

Et Où, Les Pièges

Sont Nombreux...

Derviches,

Et Qalandars...

Pillent,

Et Dépouillent,

Ceux, qu'Ils
Estiment,

Trop Riches...

Non,

comme Vol, *Ou* Pour
s'Enrichir,

Mais comme Témoignage,

De La Nature,

De *Dieu,*

Qui Réclame, Le
Dépouillement,

Et le Dénuement,

Pour *Art De Vivre,*

Suprême,

Et Condition,

Sine Qua Non,

Devant La Porte,

De L'Amour...

Quand Aimer,
Ne
Semble Rien Dire,

Et que *Ne Rien,*
Dire,

Est Un Défi d'Aimer...

///

Nous Avons Eu
Deux
Amis Persans...

Sur Notre Chemins...

De Même,
Que Nous Avons
Fréquentés,

De Nombreux,

Iraniens,

Dans Notre Vie...

///

Cela Pu Paraitre,

Insolite,

Que *Des Horizons,*

Culturels,

Se Rencontrent,

Mais Les Parallèles,

Ne Sont Pas
Toujours Faites pour
Ne
Pas Se Rejoindre...

///

Les Parallélismes,

Entre,
Africanismes,

Et Persitude,

Offre Des

Proclamations *d'Arabisme/s,*

Dont *La Lettre,*

Est Poésie...

///

Les Cultures,

Les Plus
Dissemblables,

Se Ressemblent,

Parfois plus
Que L'On Pourrait

L'Imaginer...

///

La Difficulté,

De Réduire,

L'Histoire,

De L'Humanité,

A Quelques Mots,

à Quelques

Trouvailles,

Nous Dit Long, Sur

ce Qu'Être Frère,

veut Dire,

Ou ce que Veut,

Dire,

Que d'Être *Ennemis*...

///

ce N'Est qu'En
Regardant,

En face, Ses Défauts,

Que L'On sait,

Réellement, Qui On Est.

Celui Qui Se Voit,

Lui Même,

Ne Cherche plus à
Savoir

Qui Sont *Les Autres,*

Celui Qui Prétend,

Connaitre,

Les Autres,

Ne Sait Vraiment,

Qui Il Est...

///

Le Sage, Khayyâm,

Nous Dit,

A Travers, Les
Temps,

Et Les Siècles...

*'Suppose, Que Tu N'Existes,
Pas, Et Soi Libre...'*

Nous Nous Ne savons
Ce qu'Est

Un Mystère,

Et Nous Ne Voulons,
Pas Le Savoir...

Nous Croyons,

Que L'Orient, Est La

Lumière,

Par Delà, Toute
Géographie,

Ou, En Toute,

Géographie,

Comme Ayant, *Un Orient,*

Et Un Occident...

1/ Les Partisans De L'Ecole De La Vérité Ultime

'... La Vérité,
Ne Se
Révèle, qu'à Celui
Qui L'Aime...'

/Umberto Eco/

Nos Deux Amis, Persans,

Furent, Tous Deux

Adeptes, Du Karaté,

Kyokushinkai.

Ce Style, De Karaté,

Inventé, Par

Le Maitre Japonais,

Ōyama,

Se Traduit,

Par Une Quête,

De La Vérité Ultime.

Masutatsu Ōyama Est Né

En 1923, Et Mort,

En 1994.

Il s'Exila, Trois Ans,

A Travers, Les Montagnes,

Côtoyant Les Ours,

Et Les Autres, Animaux,

Pour Trouver, La Vérité

Ultime, à Travers,

Son Art De Combat.

Entre Méditation,

Et Pratique, Pure,

Durant, cette Retraite,

Il Trouva,

L'Essence, de La

Voie qu'Il Nommera,

Kyokushinkai.

Le *Kyokushinkai,*

Repose, Sur Une Résistance,

Mentale, Et Une

Condition, Physique,

à Toute Epreuve.

Une Très Grande,

Souplesse, Du Corps,

Et Une Connaissance,

Profonde, Des
Techniques, Du Karaté.

Ōyama, Brisa Des
Pierres,
Et Vaincu Des
Animaux, Féroces,

à La Seule Force,

De Son Karaté,

Et de Sa Résistance,

Mentale.

///

Nos Deux Camardes,

Pratiquèrent,

cet Art,

Ainsi que celui,

De La Boxe Thaï,

Lorsque Nous,

Bien Que Bien Souvent

Invités à Nous

battre,

Avec Succès,

Ou Désespoir,

Péchions,

*Par Manque De
Courage Physique...*

///

Ils Participèrent,

Tous Deux, à des

Compétitions,

Et à Des Défis,

Montrant,

Tous Deux, Leur

Courage, à Un Jeune,

Âge...

///

L'Idée,

Catégorique,

d'Une Ultime Vérité,

s'Imposa,

comme, *Origine,*

d'Une Quête,

Lorsque Nos Amis,

Et Nous Mêmes,

Partageâmes,

Nos Premières Réflexions

Philosophiques,

à L'Âge Adulte,

Après Le Passage, De La

Majorité.

Cette Idée,

s'Imposa,

Avec Le Revers,

qu'Une Vérité,

N'Est Jamais, Définitive,

Et Que La Vérité,

Est Toujours Traitre,

Car, Elle Tue...

/ / /

L'Homme Le Plus
Courageux,
Du Monde,

Ne Tient pas Devant

La Plus Terrible,

Des Vérités...

/// Que Nous N'Etions
Pas Assez

Courageux,

à Nos Propres, Yeux,

Sur Le Plan, Physique,

Pour Cause,

De Traumatisme,

De Jeunesse,

Et De Naissance, Difficile,

Nous Etions, Prêt

à L'Admettre.

Mais Que Nous Devions
Démissionner,

Devant Notre Absence,

De Courage,

Au Rendez Vous

Manqué, De L'Amour,

Fut Un Echec, *Impossible*

Pour Nous...

///

Nos Deux Amis,

Férus, De
Combat,

Cessèrent,

Leurs Activités,

Sportives,

Bien Que le Second

d'Entre Eux,

Les Repris Bien des Années

Plus Tard.

Dans L'Optique,

De La Chevalerie Traditionnelle

Persane,

Dans Le Domaine,

De La Voie, Des Athlètes,

Le Service,

Et L'Humanisme,

Font La Noblesse,

Des Hommes Forts,
Et
Courageux...

///

Ce Qui Définit,

Le Courage,

Physique,

N'Est pas Si Evident,

à Mentionner,

Au Point, Que

L'Absence, De
Courage,

N'Est pas Evidente,

à Définir, Non plus.

c'Est Une Grâce,

d'Avoir Un Talent,

Et Sans
Reconnaissance,

En Dehors, De La
Nécessité,
Du Travail,

On Risque, De Le Perdre,

Tôt, Ou Tard,

Si L'On Peine,

à Bien s'En Servir.

Par Echec,

d'Avoir Pu Suivre,

Une Voie Martiale,

Pour Des Raisons,

Liées, à Une Limite,

Salutaire,

Nous Avons Dû Lutter,

Pour Parvenir,

à L'Honneur,

Sans fausse
Considération,

Par La Chevalerie,

De La Défense,

De L'Humanité.

Le Thème, Du *Agir / Non Agir,*

Et *L'Opposition,*

De L'Ecole,

Du *Wu Wei,* Et de *Celle*

Du *Wu Tang,*

Eclaira, Nos Discussions,

Entre Sagesse,

Des Arts Martiaux,

Musique Urbaine,

Et Culture,

Alternative...

///

Notre Second, Ami

Persan,

Nous Invitât,

à Lire, La Biographie

Du Maitre Ōyama,

Et Nous En Prêta, Le Livre.

///
L'Idée, De Retraite,

d'Erémertisme,

De Courage,

Spirituel,

Autant que De

Capacité,

à faire, Face à L'Insolite

Le Plus Terrible,

Sembla,

Pour Lui, Et *Nous,*

Un Impératif,

Pour Faire face, Aux

Epreuves de L'Âge Adulte.

///

Brisé, par Nos Prises

De Conscience,

De Jeunesse,

Par La Violence,

Du Seuil, Souillé,

De La Société,

Nous Admîmes,

Que La Seule Voie,

Qui s'Offrait,

à Nous,

Fut celle Du Milieu,

Bien que Nous Ne
Pûmes,
Nous Défendre.

///

Nous N'Etions pas Plus
Philosophes,

Que Nos Camarades,

Même Si L'On Nous
En
Prêtait *Le Profil.*

Nous *Nous Découvrîmes,*

Si Peu Intellectuel,

Après Avoir Eté,

Défini, *comme Tel,*

Pendant, Tant d'Années,

Mais Au Bénéfice,

De Qui... *???*

Après Une Première

Découverte,

De ces Textes,

Aux Alentours, De L'Âge

De 16 Ans,

A L'Âge de La Majorité,

Nous Nous Replongeâmes,

Dans *Le Corpus,*

De La Sagesse Taoïste,

Et *Plus Largement*

Asiatique,

Et Nous Définîmes,

Par Intuition, L'Iconoclasme

comme Voie De Salut,

Sous La Forme,

d'Un Islam,

Vécu, comme Culture,

d'Asie Et d'Orient.

///

Cela, Impliqua,

L'Abandon,

De Toute Théorie,

De Tout
Concept,

comme Définitif/s,

Avec En Ligne De Mire,

Le Réel,

comme Destination

Absolue,

Dans *Son Acception*

Orientale,

Et Asiatique.

///

L'Intellectualisme,

A Deux,

Visages,

Et La Philosophie,
Aussi...

L'Amour, Du
Prochain,

Est La Lumière,

Et Le Réel,

Est Un.

/ / / La Pratique,

De L'Intellect,

comme, Anti/
Chambre,

De La Chevalerie,

Spirituelle,

Ou, Du
Combat,
Spirituel, pour
L'Humanisme,

Doit Mener,

A L'Epanouissement,

De L'Âme,
comme Humanisme,

Réel,

En
Considération,

Des Limites,
Humaines,

Et Non, comme
Culte,

Du Surhomme, Et
Du Surhumain...

c'Est Le Respect,

Des Limites,

Humaines,

Les Plus Sensibles,

Qui Mène,

à L'Eclosion,

Du Potentiel,

d'Âme, Et De
Cœur,

De Manière,

Exponentielle,

Mais Sans Faux,
Semblants,

Par L'Enthousiasme
De
Connaitre,

L'Amour,

Et Non De La
Croyance,

De Le
Connaitre...

La
Société,
Condamne,

L'Humanité, La Plus
Sensible,

comme, Hypocrisie,

Et Faiblesse,

sans Jamais, Y Voir
L'Enjeu,
Du Salut...

c'Est Aux Plus, Délaissés,

Et Aux Cœurs,

Trahis,

d'Oser, Aimer

Le Plus Loin,

Possible,

Là Où L'On Dit,

L'Amour, Interdit,

Pour Que L'Humanité,

Survive,

à Ses Propres, Erreurs.

La Vraie,
Rencontre,

Se Fait Toujours,

par Amour,
Du Prochain,

Jamais, *Sans Amour,*

Du Prochain,

comme Soi / Même.

Là, Où L'On Nie,

L'Humanité,

Sans Défense,

On Admet, La Fin,

De L'Humanisme,

Et De L'Humanité.

Notre Parti Pris,

Est *Celui,*

De La Poésie,
Contre L'Esotérisme,

Et Non,

De *L'Esotérisme,*

Qui Se Cache,

Derrière, La Visage,

De La Bonne, Foi,

comme Alibi,

Et Argument,

De Rationalisme.

Nul Ne Peut Faire,

De La Poésie,

Un Argument, De
Salut,

Pour Tous,

127

Mais *La Poésie,*

Peut, Se Proposer,

comme, Salut,

à Celui, Qui N'En A

Pas...

Sauver,

Celui Qui Ne peut,

Être, Sauvé,

à L'Orée, Du Bon

Sens, Biaisé,

Et Des Axiomes,

Incongrus,

Est L'Essence,

Du Salut,

*Et La Fleur, De
Sincérité,*

De L'Humanisme,

Et De L'Issue, Impossible.

///

La Société,

Ne Reconnait,

Pas Les Vérités,

Les Plus Sensibles,

Soit, Par

Egards,

Pour Ceux, qu'Elles
Mettraient,

En Danger/s,

Soit, Par Sauvegarde,

Des Intérêts,

Les Plus,
Evidents,

Au Regard, Le Plus

Pris Au Piège...

///

cette Réalité, Grave

Fait, Du Salut,

De Tous,

L'Affaire,

De Quelques Uns,

Les Plus Marginaux,

Les Plus Egarés,

Jamais,

Les Plus Soupçonnés,

Mais Les Seuls

Condamnés,

Au Moment, Opportun.

*C'Est ce Qui
Fait,*

De L'Amour, Un Don,

Sans Retour,

Et Du Désintéressement,

Une Réalité,

Incontournable...

Nous Le Disons, De
Manière,

Un Peu, Triviale,

Mais Nous En Témoignons,

Par Humanité. / / /

La Vérité,

Est Inacceptable.

Mais La 'Vérité,

Fera De Nous Des Hommes

Libres'. *(Les Evangiles)*

Choisir,

Le Chemin,

Du Vrai,

c'Est Abandonner,

Le Vraisemblable,

Pour Le Réel.

Choisir,

Le Réel,

c'Est Abandonner,

La Vérité,

Pour La Poésie.

Aimer, Son

Prochain,

Là Où Il Est Dit,

Que c'Est Impossible,

c'Est Croire,

Au Langage, De L'Âme,

comme Poésie,

Salutaire.

Celui, Qui Vu, Sa

Vérité,

En Face,

Ne Revient, Plus

En Arrière.

Le Réel Du Bienfait,

Humain,

N'Est Jamais, Au

Détriment,

Du Prochain.

///

'Celui Qui Abandonne,

Tout, Pour s'Unir,
Au Réel, Est Un Sage...'

(Citation Indirecte)

/ Lao Tseu /

/ / / La Vérité, Est
Inacceptable,

Mais *Celui,*

Qui L'Accepte,
Et La
Reconnait,

Peut, *Parfois,*
Eclairer,
Les Autres...

133

A Quoi, Sert-il,
De Disséquer,
Le Monde,
Si L'On Ne Peut
Admettre,
Que Quelqu'Un
Puisse Être
Sincère...?

La Prix, De La
Sincérité,
Est Fatal,

Mais Il Est Le Début,
De La Vie.

///

Là, Où Il N'Y a pas
De
Sincérité,

Il N'Y a pas,
d'Amour Non Plus...

/ / / Avec Nos Amis, Nous
Avions L'Habitude, De Philosopher,
En Nous Baladant...

Un Jour, Nous Avons,
Choisi De Ne Pas Nous
Perdre.

/ / /

2/ Fréquentations Persanes

Ainsi que Nous L'Avons,
Évoqué,

Partiellement,

Dans Notre Ouvrage,
Les Lettres d'Arabisme/s,

Nous Avons, Rencontré,

Notre Premier,

Ancien Ami d'Origine
Iranienne,

à L'École, Primaire,

Lors, De Notre,

Arrivée, Ou Retour,

Dans Notre Ville, Natale,

Au Milieu, Des
Années 80.

/

Il Serait Trop

Long, Et Coûteux,

De Revenir, Sur Les
Tumultes,

De cette Amitié,

Ou, d'Évoquer,

Nos Sujets, De Discorde,

En Son Absence,

Mais Toute Notre *OEuvre*

Poétique,

En Est, Pétrie,

Et Parfois Inspirée,

De Manière Indirecte,

Car, Nous Avons Trop,

Été Perturbés, Par

Nos Disputes, Et la Fin, De

Notre Relation,

Pour Ne Pas

Chercher,

à Comprendre,

Notre Part d'Erreur,

Ni A Découvrir,

Et à Approfondir,

Notre, Intérêt,

Pour La Culture Iranienne,

Sa Poésie,

Sa Courtoisie,

Sa Proposition,

De Fraternité,

Et Son Témoignage

d'Humanisme.

/ / / Nous Avons Néanmoins

Fait Le

Choix, Dans ce

Livre,

De Revenir,

Sur
Certaines Impasses,

Discordes,

Disputes,

Et Improbabilités,

Sur Le Plan,

Relationnelle,

Non Par Méchanceté,

d'Evoquer,

Une Vie Intime,

Mais Par Décence,

De Témoigner, Du Mal.

C'Est Une Grâce,

d'Avoir, Un

Ami,

Et De L'Aimer,

comme Il Nous *Aime,*

Et Nous Pardonne,

Mais c'Est L'Amour Aussi,

De Pouvoir Dire,

La Vérité,

Car La Vérité,

Qui ne Peut Être Dite,

Est Toujours,

Une Source,

De Séparation.

Nous Avons De

Meilleurs Souvenirs,

De Notre

Second Camarade,

Persan,

Aujourd'hui,

Mais Nous ne Sommes

Pas Ingrats,

Nous Savons,

Que Toute Relation,

A Un Présent,

à Nous Offrir,

Et Une Vertu, à Nous

Enseigner,

Par Delà, L'Épreuve,

Et Par Le Sens,

De La Bonne Foi.

Nous Avons Fréquenté,

Par Le Biais,

De ce Premier Ami,

Des Personnes,

De Haute Culture,

Adultes,

Et Bienveillantes,

à Même,

d'Eclairer,

La Curiosité

De Jeunes Gens.

Nous Avons Mangé

La Cuisine,

Iranienne,

à Plusieurs Reprises,

De Manière Très Régulière,

Sur Une Période,

De Nombreuses

Années,

Dans La Grâce, *d'Un*

Accueil Chaleureux,

Et d'Un Sens Du Partage,

Auxquels, Nous Devons

Beaucoup.

Cela, Nous A Certainement

Inspirés,

Puisque Nous Avons

fait Le Choix,

Par Notre Poésie,

Particulièrement

Marquée,

Par L'Orient,

Et L'Iran,

Notamment,

Mais, La Culture,

Arabe, Aussi,

De Nous Prononcer

comme Un Témoin,

De La Poésie

Bacchique,

que Nous Ont

Enseigné,

Les Grands Poètes,

Persans,

Et Maîtres, Du Lyrisme,

Que Sont Entre

Autres, Omar Khayyâm,

Hâfez,

Mais Aussi, Shabestari,

Ou, Encore Nezami,

Mais Aussi Nesimi,

Et Fazlullah,

Le Fondateur De

L'Hurufisme.

Notre Second Ami,

Rencontré à L'Adolescence,

Et Présenté à

Nous Par Le Premier,

Était, à Nos Yeux,

Un Calligraphe Urbain,

Maître Du Tag,

Et Du Graffiti,

Que Nous L'Avons Vu

Tracer,

Avec Aisance, Et

Esthétisme,

Marginal,

Entre Deux

Ivresses.

Nous Avons Partagé Avec Lui,

Notre Amour De La

Musique,

Et Nos Premiers, Émois,

En Islam,

Sur Le Plan De la

Culture,

Et De L'Humanisme,

Mais, Aussi,

De La Main, Tendue, Et

De L'Écoute.

/ / /

Nous Lui Avons Offert

Un Cadeau,

De Retour d'Europe

Centrale,

Et Il Nous A

Honorés,

De Sa Fraternité,

Et Du Mot *Frère,*

Malgré,

que Les Chemins,

Se Soient Séparés,

Avec Le Temps

De la Venue,

De L'Âge Adulte.

/ / /

Notre Premier Ami,

Persan,

que Nous Fréquentions,

Parfois Avec Le

Deuxième,

Nous A Également,

Apprécié,

Pour Notre,

Intérêt, Pour Une

Culture,

que Nous Ne Connaissions

Pas,

/ / /

Notre Deuxième Ami,

Est Resté,

Présent, Dans Notre

Mémoire,

Pour Nos Moments,

d'Ivresse/s

Partagée/s,

Qui Nous Ont Offert,

Une Voie

Concrète,

d'Expérience,

Poétique,

Sur La Voie

Bacchique,

De L'Humanité,

Des Marges...

/ / /

Il Nous A Reconnu,

Sans Peine,

comme Frère,

Là Où La Reconnaissance,

Fut Plus Pénible

Ou Difficile,

Avec Autrui,

Pour Des Conséquences,

Gravement,

Dramatiques.

/ / /

Nous Avons Eu L'Occasion,

De Fréquenter,

De Nombreux Iraniens,

Dans Notre Parcours.

Et Nous Avons Rencontré,

Une Personne, Formidable,

Et Merveilleuse,

qui Nous A Familiarisé,

Avec L'Iran, De Manière Non

Livresque,

Et Nous A Honorés, Du Mot De

Derviche,

Que Nous Avons

Accepté,

Et Que Nous Avons

fait Notre,

A Travers,

Une Proposition,

De Poésie,

Contemporaine,

Qui rend Hommage,

Mais N'Imite,

Pas,

Et qui Dit,

Et Improvise,

Plutôt qu'Elle N'Ecrit.

Notes Sur L'Islam/
comme

Religion

Naturelle/

L'Iconoclasme,

Est Notre
Psychologie,

Notre Profil,

Notre, Tendance,

Naturelle...

Nous N'Avons Eu
Aucun,
Effort,

A Faire,

Pour Voir, En
L'Islam,
Notre
Culture.

Notre
Culture,

Plutôt, Que

152

Notre,
Religion.

La Conversion,

N'A Jamais,
Eu De Sens,

à Nos Yeux.

Lorsque Notre Ami,
Persan,

Le Second,

Nous A Vu Prier,

Il Nous A Dit,

'...ce Sont Les Musulmans,
Qui Prient,

Ainsi... Veux Tu
qu'On Prie,

Ensemble,

Veux, Tu que Je
T'Apprenne,

à Prier...?'

Il A Vu, Un
Musulman,

En Nous,

Immédiatement,

Et Nous,

Nous Avons Vu,

En L'Islam,

Un Anti/Esotérisme,

c'Est à Dire,

Un Parti pris,

Pour La Lumière,

Et Un Salut,

Par L'Humanisme,

c'Est à Dire,

Pour Les Sans

Salut.

Notre Second, Ami

Persan,

Nous A Dit,

'Montre-moi, comment

Tu pries'.

Et Lorsqu'Il Nous A
Vu,

Il A Reconnu,

En Nous, Un Musulman,

à L'Instant Même.

c'Est La Raison,

Pour Laquelle,

Entre L'Eclipse,

Du Mois, d'Août,

Et La Tempête,

De L'Année 99,

Il Nous A Proposé,

Une Fraternité,

à Son Tour,

Et Nous A Dit,

'A mes Yeux, Tu Es

Musulman'.

L'Islam,

N'A Jamais Eté Un Parti

Pris, Religieux,

Pour Nous.

Mais Une Histoire,

d'Amitié,

De Cœur,
Sincère,

De Partage,

Et De Main, Tendue,

à Ceux,
Qui N'Ont Rien.

c'Est cette
Culture,

Qui A Fait, De Nous

Un Défenseur,

De L'Humanité.

L'Islam, Est Une

Vertu,
Naturelle, Chez Nous,

Ne N'Y Forçons,

Jamais Les
Evènements.

Notes/ *Sur La Perse Parallèle*

L'Africanisme/

Et Nos Amitiés, Persanes...

Le Contentieux, Entre

Africains, Et Orientaux,

Réside, Essentiellement,

Sur La Question,

De La
Couleur, Noire.

Sur Les Mésententes,

Les Mésinterprétations,

Les Sur/Enchères,

Les Approximations,
Les Mensonges,

Les Fantasmagories,

Les Différences,

Culturelles,

Et Les Enjeux, De
Bonne Et

Mauvaise Foi.

/ / /

L'Orient, Et *L'Afrique*
Sont Frères,

Plus Que Tout.

Mais Les Relations,
Entre

L'Orient, Et

L'Afrique,

Ne Sont pas Simples.

Par La Biais,

De Nos Amitiés,

Nous Avons Exploré,
De Vastes Dimensions,

De L'Histoire,

De La Géographie,

Et Des Enjeux,

Des Interactions,

Humaines,

Sans Pour Autant, Dire

Que La
Connaissance,

Existe,

*Mais En Ayant La
Possibilité,*

De Sortir, Plus

Sages, De Nos

Epreuves,

Sentimentales,

Amicales,

Et Fraternelles.

///

Notre Premier Ami,

Persan,

Avait Une Obsession,

*Pour La
Couleur, Noire.*

En De Mauvais, Termes.

La Question,

*De
La Couleur Noire,*

De La Vie,

Sentimentale,

Et Sexuelle,

De La Séparation,

En Amour,

Sur Le Plan,

Familiale,

Et En Amitiés,

Sont Les Raisons,

Principales,

De Nos Disputes,

Violentes,

Et De Notre

Séparation,

Brutale.

Le Racisme, *Anti*

Noir,

Est Essentiellement,

d'Origine Sexuel.

On Pourrait
Croire,

qu'On Pourrait

En Dire, Autant,

De Tout Racisme.

Mais ce N'Est pas Le

Cas.

La Mésentente,

Sur Les Questions,

Sexuelles,

Et L'Incompréhension,

Des Enjeux,

Sentimentaux,

Prouvent, La Difficulté

De Maintenir,

Les Relations,

Amicales,

Lorsque Certaines,

Clarifications,

Ne Sont pas faites.

Or,

La Société,

Humaine,

Est Essentiellement,

Opaque, Et

Hermétique,

Sur ces Sujets,

comme Sur d'Autres.

Notre Ami, Nous

Aimait, Beaucoup,

Et Nous Mettait,

Sur Un Piédestal.

Il Était d'Une Amicalité,

Exceptionnelle.

Et Nous Ne Parlerons, Pas

De Son

Hospitalité.

Mais Il Y Avait Un

Contentieux,

Entre Nous.

Et Il Ne L'A, Jamais

Reconnu.

Ce Contentieux,

Loin De Nous

d'Evoquer,

Nos Vies Intimes,

Personnelles,

Et Respectives,

Nous L'Avons Abordé, Dans

Nos Essais,

En Reconnaissant,

Que *L'Afrique,*

Prône, L'Arabisme,

Et qu'Il Y A Une

Problématique,

De La Beauté Noire,

En Orient.

Cette Beauté, *Noire,*

N'Est pas

Nécessairement,

Nègre,

Mais Noire, d'Un

Point De Vue, Orientale,

Qui Défie, Le

Jugement,

Et La Perception,

De La Négritude.

Les Enjeux,

Et Les Perspectives,

Sont Nombreuses,

Et Doivent, Être Abordées,

Sous L'Angle,

Particulier,

De L'Amour Du Prochain,

Et Du Dépassement,

De La Condition, Raciale,

Qui Est Le BA.B.A. de La

Spiritualité.

///

Notre Second, Ami

Persan,

Lui,

Était Beaucoup, Plus

Averti, En

Matière, De

Culture,
Contemporaine,

Concernant,

La Négritude,

Même Si En Tant

qu'Oriental,

Il Avait Ses Réserves,

Qui N'En Etaient,

pas Moins Amicales,

Et Bien Intentionnées.

///

c'Est Lui,

Qui A Evoqué, Avec Nous

A Notre, Grande,

Surprise,

Sa Lecture, De

L'Autobiographie,

De Malcolm X,

Alors Que Nous

Ne L'Avions Vu,

qu'Au Cinéma, Pour

Notre Part.

Lui Avait Acheter,

Le Livre,

Et Le
Connaissait,

Par
Cœur.

Il Nous En Parla,

Avec Détails,

Et Nous Fûmes Admiratif,

qu'Un Persan,

Soit Intrigué,

Par Le Sujet, de L'Islam

Afro Américain,

Bien Avant, Que Nous ne

Puissions,

Faire Le Lien, Par

Nous Mêmes,

Entre Les
Cultures,

Et Les Peuples.

///

Nous Partagions,

Également, Avec Notre Ami,

Notre Intérêt,

Pour La Musique Urbaine,

Pour La Musique,

Et Pour La
Culture, Lié Au

Hip Hop,

Mais Aussi, En Parallèle,

Et c'Est Un Sujet,

Pour La
Culture Soufie.

Nous Ne Pourrions

Dire,

Par Quel Biais,

Nous Entendîmes, pour

La Première Fois,

Parler,

De La Culture, Soufie,

Mais Notre Ami,

Fut Certainement,

Un De Nos Premiers,

Avertisseurs,

En Termes d'Appel,

Fraternel,

A Propos de cette

Culture,

Par L'Invitation

à La Prière.

///

c'Est Lui Qui

A Evoqué, Al Ghazali,

Et Son Parcours,

Particulier,

Mais Hors Normes,

Avec *Nous,*

Et Nous A
Conseillé, De Le

Lire...

Le Premier...

///

Il A Evoqué, Avec

Nous,

Sa Difficulté,

De Se Situer,

En Termes, d'Origines,

Et De
Couleur,

Bien Avant,

Que Nous Puissions,

Formuler,

Nos Appréhensions,

Dans ce Domaine,

Et Bien qu'Elles Soient,

Et Furent,

Au Cœur De Nos

Préoccupations,

Très Concrètes,

Toute Notre Enfance, Et

Notre Adolescence,

Entre, Autres...

///

Il Nous Dit, Sa Peine,

d'Être, Jugé

comme Blanc,

Alors, qu'Il Se Sentait,

Noir,

En Tant qu'Oriental,

Et Iranien,

ce Qui Nous Surpris,

de Vertu, Et

De Sincérité,

Mais ce Que Nous

Comprîmes, Sans

Difficultés, Également,

Notamment,

Par Des Exemples,

Concrets,

De Célébrités,

Ayant Exprimé,

L'Enjeu Crucial,

De La Dualité,

Du Noir Et Du Blanc,

Sans Contraste.

/ / /

Ses Paroles, Nous

Ont Beaucoup

Intrigué,

Et Nous Ont Rappelé,

Celles *Des Five*

Percenters,

Que Nous Avions Entendues,

à Travers, Un

Documentaire,

Sur Le Cable,

à L'Âge de 14 Ans,

A Une Epoque,

Où ces Sujets, Etaient,

Encore, Tabous...

///

Il Nous A Un Jour,

Conté, Une

Histoire,

Selon Laquelle,

Il Avait Demandé,

à *Un Balayeur, De Rue,*

d'Origine Africaine,

s'Il Connaissait,

Une Boite De Nuit.

Le Balayeur, Ne

Lui, A Pas Répondu.

Et Il Est Parti.

Et Notre Ami,
En A Eu Honte.

Nous Avons Vu En

Notre Ami,

A Travers, Le Récit,

de cette Histoire,

L'Itinéraire,

d'Un Ami, De La

Sagesse,

A Travers, Une Mise En

Scène, d'Humilité,

Consistant,

A Ne Pas Se mettre,

En Avant Soi/Même,

ce Qui Est Une

Caractéristique,

Du Comportement,

Des Orientaux.

Nous Y Avons, Également

Vu,

Une Forme, Alternative,

De L'Evocation,

De La Fraternité,

Islamique,

De L'Au Delà,

Du Contraste,

Par La Réalité,

Suprême,

Et Sans

Couleur.

///

Nous N'Avons pas
Eu

De Mal, à
Comprendre,

Que L'Arabisme,

Est Une Dimension,

De La
Culture,

Africaine,

Et Que L'Afrique,

Voit,

En L'Arabisme,

Son Âme, Propre,

De Même,
Que L'Orient,

Honore, La

Sagesse, Africaine,

à Travers,

Une Culture,

Plus à Même,

d'En Exprimer,

Les Aspects,

Les Plus Positifs.

Car *L'Afrique,*

A Des Torts,

Et

Elle Doit, Les
Reconnaitre,

Et Faire, Preuve

d'Humilité,

Face A Ceux,

Qui Ont Eu de L'

Amour,

à Son Egard,

Et N'Ont pas Toujours,

Pu La
Comprendre,

Pour Cause, *d'Hermétisme,*

à Son Sujet.

Les Déshérités, *d'Afrique,*

Ont Beaucoup,

à Apprendre,

A Tous, Sur *L'Afrique,*

Car Ils Savent,

ce Qui Ne Se Dit, pas

Et ce Que Les

Africains,

Ignorent,

Sciemment.

///

L'Arabisme,

Est L'Âme de *L'Afrique,*

179

Et Sa Possibilité,

De s'Ouvrir, Au

Monde,

Bien Au Delà,

De La Thématique,

Du Monde Arabe.

///

La Culture, Arabe,

comme, La

Culture,

à La Maure,

à la Mauresque,

Existe, En Afrique,

Et Nous N'Avons Pas Eu

De Mal,

à La Comprendre,

Parce Que c'Est La

Notre.

Nous En Sommes, Un

Dépositaire,

Bien qu'Insolite,

Et Contestable,

Mais De Manière,

Pourtant,

Compréhensible.

Nous N'Avons Jamais

Dû faire,

d'Effort,

Pour Cela,

Car cette Culture,

Est La Notre,

Même, Si Notre,

Parcours,

Semble, Prouver Le
Contraire,

Antérieurement.

/ / /

Les Doctrines,

Africaines,

Et Les Doctrines,

Urbaines, *d'Afrique,*

Et De La

Diaspora,

Sont,

Des Dimensions,

De La Perse, Parallèle,

Avec Toutes Les

Déformations,

Les fausses Croyances,

Les Mauvais Parti pris,

Les Idées,

Erronées,

Que Cela Implique,

Pour Ne Pas Avoir Oser,

Faire, Un Pas,

Vers L'Orient,

De Manière Concrète,

Et Fraternelle.

///

L'Orient, Et L'Afrique,

Doivent

Surmonter, cette

Difficulté,

Qui Les fait Se

Regarder,

En Chiens De Faïence,

Pour Ne Pas Vouloir

Admettre,

Que Le Noir, à Tout

Prix,

Est Une Source,

De Perdition,

s'Il N'Est Pas Pris,

En Compte,

Sur des Critères

d'Humanisme.

///

C'Est Une Chance,

Que Nous Avons Eu,

d'Avoir *Des*

Amis, Qui Nous Aient

Appris

Quelque Chose...

///

Nous Avons Pris Le

Parti,

De Faire, *La Démarche,*

d'En Savoir Plus,

à Travers,

Nos propres,

Recherches,

Et Investigation,

Sur L'Islam,

comme Culture,

Fraternité,

Informelle,

Mais Bien Cadrée,

Pour Une Meilleure,

Compréhension,

De ce Que La Vie,

Nous A Appris.

/ / /

La Thématique,

Du, Vin,

En Islam,

Nous A Elle, Eté

Amenée,

Par Notre Premier Ami

Persan,

Rencontré, Depuis

L'Enfance.

Il A Evoqué,

Avec Nous,

La Poésie, d'Omar Khayyâm,

En Nous Incitant, à La

Lire,

Trouvant, *qu'Elle*

Nous Correspondait,

Parfaitement.

/ / /

Il Nous *A* Également,

Permis, de

Connaitre, Hâfez,

Que Nous Avons Aussi

Lu, Plus Tard,

Et A Partagé Avec Nous,

De Nombreux,

Aspects,

De La Vie, En Iran,

Ainsi que Son Hospitalité,

Exceptionnelle,

Son Amicalité,

Incomparable,

Inspirées, Par celles

De Sa Mère,

Qui Nous Cuisinait,

Des Repas,

Que Nous Mangions,

Ensemble,

Avant De Nous Laisser,

Entre Garçons,

Boire Le Thé,

Et Discuter, De Sujets,

Que Nous Considérions

comme,

Importants.

///

Notre Ami, à Eté

Un Confident,

ce Qui A Aussi,

Eté,

Une Source, De Trouble,

Avec Lui,

Conformément,

à Notre Education,

Qui Nous Intimait,

De Ne Pas Nous

Confier,

*Sur Notre Vie
Personnelle.*

/ / /

Nous Avons Fait

De Longues,

Ballades,

Ensemble,

à Travers, Notre

Ville qu'Il

Connaissait,

bien.

Et Nous Avons

Aussi,

Partager,

De Nombreuses

Révélations,

Philosophiques,

Qui Nous Ont

Prouvé,

La Légendaire,

Aptitude,

Des Iraniens,

à L'Erudition,

Et à L'Etude Critique.

Mais Aussi,

A L'Approche, Du

Monde,

Par La Poésie.

///

Nous Lui Devons,

à Notre, Ami

L'Ecoute,

De Nos Nombreuses,

Découvertes,

Et Le Partage, des

Siennes,

à Travers,

L'Aventure,

Amicale,

De La Jeunesse,

En Difficulté,

Face Aux Epreuves,

Enigmatiques.

/ / /

Nous Avons Cessé,

Une Première Fois,

De Voir,

Nos Amis Iraniens,

Avant *De commencer,*

Un Long Cheminement,

Qui Nous Mena,

à L'Errance,

Et Aux Accidents, De

Parcours,

Graves...

Aux Frontières,

De La Mort.

///

A Travers, des

Rencontres, Imprévues,

Et Peut,

Être,

Imprévisibles,

Nous Avons Eté Amené,

à Vivre,

Des Expériences,

Insolites,

Qui Se Sont

Malheureusement,

Terminées,

Sur Le Brancard.

Nous Avons Quasiment
Eté, Déclarés,

Mort,

Et Les
Médecins, Nous Ont
Considéré,
comme *Un Cas.*

///

c'Est, Dans

Le Cadre,

De *L'Africanisme,*

Que ces Evènements,

Se Sont Passés,

Ce Qui Nous Permet,

De Dire,

Que Notre Démarche,

De Proximité,

Avec *L'Afrique,*

Nous A coûté,

Extrêmement,

Cher...

Et Nous A Eté, Fatale.

Il, Était Evident,

Pour Nous,

Qu'Un Rapprochement,

Avec L'Afrique,

Était Dangereux,

Car Nous Savons,

Qu'Elle N'Est Pas Tabou,

Par Hasard,

Et Que Son Terrain

Tourmenté,

Est Toujours Un

Risque.

Cet *Africanisme,*

Fut pour Nous,

Celui d'Une Perse

Parallèle,

Qui Ne Nous Révéla,

Son Arabisme,

Que Bien Plus tard.

///

Nous Avons Tourné,

La Page,

De ces Expériences,

De Jeunesse,

Car Elles Cachent,

La Marque,

De La Mauvaise Foi,

De La Société.

Néanmoins, c'Est Au Cours,

De ces Expériences,

Que Nous Avons Eté

Reconnu,

'Sage'

'Âme de L'Ancêtre,

Qui Incarne

La Sagesse,

Africaine'

'Dans Le
Cœur Du Maitre',

Partisan, de La Lumière,

Avant Que Le Souvenir,

De L'Ami Suprême,

Ne Vienne,

Effacer,

Nos Egarements,

Et Nos Turpitudes.

///

L'Islam, Fut Par La

Suite,

Une Source, De

Rédemption,

Pour Nous,

Bien Que Nous N'Eûmes

Jamais, La Prétention

De Rentrer, En

Religion.

Nous Avons Eté Reconnu

Frère,

Appelé, Frère,

Béni, Par La Main,

Et Le Visage,

Accepté En Islam.

/ / / Nos Amis,

Que Nous Ne Voyons Plus

Aujourd'hui,

Nous Ont Reconnu,

comme Sage.

Nous Avons Eté Béni

De Les

Connaitre.

Notre Second Ami

Persan,

Nous A Nommé,

Derviche,

Et Daneshmand,

En Référence,

à Notre Réserve,

Et à Notre,

Modération.

Notre Premier Ami

Persan,

Nous Considérait,

comme Son Meilleur Ami

Par Dessus,

Tout, Avant Que La Vie

Ne Nous Sépare,

De Manière Tragique,

Et Brutale.

Sa Mère, Nous A

Nommé *Daneshmand,*

(Savant, Scientifique),

Et Nous A Traité,

comme Un Prince,

Avec Une Hospitalité,

Sans commune,

Mesure.

Elle s'Est Toujours

Réjouie, De Nous

Voir,

Et Nous A Traité,

Avec Beaucoup d'Egards.

Nous Lui En

Sommes, Redevables,

Et Nous Prions,

Pour Que Le Seigneur,

La

Bénisse.

Elle Nous A Appelé,

mon Fils,

Après Le Décès,

De Notre Mère.

L'Afrique,

A Eté Plus Source,

d'Extrémisme,

Dans Notre Vie,

Que La Sagesse,

de L'Islam,

Et De La Poésie,

Orientale.

Nous Savons, ce

Nous Devons,

En Termes,

De Rédemption,

Et De Salut,

à L'Invitation,

A Surmonter,

Le Drame,

De La Négritude.

Une Fraternité,

Est A Deux

Visages,

Mais Elle N'Existe

pas Sans Bonne

Foi.

///

Pardonner, L'Ignorance,

Pardonner,

La Complexité,

La Diversité,

c'Est Aller Plus Loin

En Islam,

Pour mieux, Appréhender

Le Réel, Un

Et L'Unique,

Réalité Suprême,

Et Sans Couleur.

Nous Avons Eté Appelé,

Frère,

Nous N'Avons Jamais

Eté,

Convaincu,

De Devenir, Un

Religieux.

///

Nous Nous

Sommes *Comportés, En Frère,*

En Humanité,

Et L'Humanité,

Est Le Mode De Vie,

qu'On Nomme, En

Dépit, De Tout,

Et, faute, De mieux,

Religion,
Quand Il s'Agit,

Pour, L'Ensemble,

De Bonne Foi,

Et

De Sincérité.

L'Islam, Pour Nous,

Est L'Amitié,

Entre Deux Personnes,

Qui Se Reconnaissent,

comme Frères.

Nous Y Avons cru,

Et Cela,

Nous A Sauvé,

La Vie,

Au-delà Des

Individus.

Les Persans, s'Appellent, *Les Frères,* Ils Le Méritent.

'Qui Sont/Les Arabes/

/ ?////

Ceux/ Qui *Savent*/
Que/
Dieu/N'/A pas/
D'/Origine/// …'

/AKA/

'Être/ *Arabe*/

Est/ Une

Vertu/…'

/AKA/

Dans/ Le Temps/ X/
L'/Espace///

Je Sais/ ce qu'/
Être/ *Arabe*/Veut Dire///

/AKA/

3/ Cinéma De Genre/ & Obsessions/

Ta Rose / Est
Celle /
Du /
Pardon / / /

/AKA/

Nos Deux *Amis Persans,*

Etaient, Fans,

De Films,

De Genre,
comme Cela,

Arrive, *En Banlieue,*

Et Pas Seulement,

Par Clichés...

///

Le Parrain,

De Francis Ford

Coppola,

Était Un De leur

Film,

Favoris,

Car Ils Y Retrouvaient

Des Thématiques,

Qu'Ils Trouvaient,

Familières,

comme,

Les Vertiges,

Et Les Pièges, *De*

La Famille,

Les Conflits,

Générationnels,

Et Les Rivalités,

Parentales...

///

208

Au Delà, de La

Question,

De La Violence,

Dans Le Film,

L'Humanité,

Des Personnage,

Semblaient,

Les Interpeller,

Au Point qu'Ils

Voulurent,

me Convertir,

à ce Style, De Film,

Dont Je Ne

Raffolait, pas,

Mais que J'Appris,

à connaitre...

///

Le Tragique,

Des Amours, Du

Protagoniste,

Joué Par Al

Pacino, Dans Le

Film,

Qui Perd, Sa Fiancée,

Lors *d'Un Accident,*

Mis En Scène,

Dont Il Était La cible...

Démontre,

La Cruauté,

d'Un Tel Mode, De

Vie,

Autant,

Que Son Impasse,

Et Ses Interrogations.

210

///

ce Mode, De Vie,

Si Célébré,

En Banlieue,

Même Avec Recul,

Dérision,

Ou Humour,

Prouve Le Désarroi,

De Beaucoup

De Jeunes,

Face à L'Impossible,

Réussite,

d'Une Société,

Vue comme

Opaque,

Ou à La Fatalité,

De La Spirale,

De La Violence...

///

La Violence,

Autant, que Le

Racisme,

Il En Est Question,

Dans Un Autre

Film, Fétiche,

De *Nos Anciens*

Acolytes,

Qui Est,

Le Très Sombre,

American History X,

Filmé, En Noir,

Et Blanc,

Et Mettant, En Scène,

L'Universalité, Du

Racisme,

Entre Noirs, Noirs

Et Blancs, Entre Blancs,

Peut Être Aussi,

Avec Le Thème,

De La Trahison,

De L'Amitié, *Brisée,*

De La Vengeance,

Et Du Combat,

Perdu Contre La

Haine...

///

ce Film, Très Générationnel,

Qui A Marqué, La

Fin Des Années 90,

A Profondément,

Heurté,

Nos Camarades,

Notamment,

Sur Les Thématiques

Précitées,

Au Point qu'Ils

En Parlaient,

Très Régulièrement,

Sans Aucune

Limite...

///

Dans Les Banlieues

Françaises,

La Cohabitation,

Entre Plusieurs,

communautés,

N'Est pas Toujours,

Simple,

Même Si L'Histoire,

Semble Dire,

Qu'Elle A Eté,

Très Fraternelle,

Dans Les Années 80,

Et 70.

///

L'Immigration,

Est Récente,

En France,

Et La Diversité,

Des Communautés,

Et De Leurs Origines,

N'A pas Trouvé,

De Lien commun,

Malgré, L'Evidence,

De *Celui,*

De La République...

///

Jusqu'à Récemment,

L'Histoire,

De L'Origine,

Et Des Cultures,

De ces Communautés,

N'Intéressaient,

Pas Les Jeunes,

///

La Proposition,

Condescendante,

Du Rap,

comme Culture,

à La Jeunesse,

A Eté, *Une*

Supercherie,

Car Sans
Connaissance,

Ni Respect,

De cette,

Culture,

Soit Dit En Passant,

Peu Accessible,

Et Très Marginale,

Sa Transformation,

En Pop,

Musique,

Ne Pouvait, Être,

Que *Catastrophique...*

///

Aux Etats Unis,

La Culture,

Du Verbe,

A Donné,

Naissance, Au Soutien

Scolaire,

A La Formation,

Des Adultes,

Au Succès, Dans Les

Etudes,

pour Des Jeunes,

En Echecs Scolaires,

Parce Qu'Elle,

N'A pas Eté,

Victime,

De Préjugés,

Ou De Jugement/s,

Sur La Forme,

Quand On sait,

Qu'Une Pratique,

Réelle,

Est Toujours Le

Dépassement,

d'Une Théorie...

///

c'Est La Raison,

Pour Laquelle,

La Poésie,

Contemporaine,

Est Une Scène,

Plus Vivante,

Au Etats, Unis,

qu'En Europe,

Ou L'Académisme,

Piège,

La Création,

Autant, Que La

Discipline,

Dans Sa Vitalité,

Et Son
Dynamisme...

///

Les Clips De Rap,

Ont Véhiculé,

Autant De Non

Sens,

Que Le Cinéma,

Mais L'Orthodoxie,

Du Rap,

Victime,

Des Ambitions,

De L'Industrie,

Musicale,

N'A pu Résister,

face à La

Perversion,

De Son Art,

Dans Une Optique,

Qui Est moins,

Anodine,

qu'Il N'Y Parait.

///

Il Est Evident,

Que L'Absence,

De Culture,

En Banlieue,

Est Un Drame,

Et Un Echec,

Mais La Réalité,

Est que L'Accès,

Au Savoir,

Est Codifié,

Selon Une Hiérarchie,

Qui Prouve,

L'Interdit,

Du Savoir Aux Uns,

Et Son Accès,

Aux Autres...

///

Lorsque Que Les

Cultures

Alternatives,

Et Underground,

Dans Les Années

90,

Osaient, Prétendre,

Être Un

Chemin,

Ou Une Voie,

Pour Ceux, Qui

Subissaient,

L'Ostracisme,

On En Riait,

On Le Blâmait,

Mais Cela Ne Prouvait,

Que Trop,

L'Inégalité,

Sociale,

Et L'Impasse,

Dangereuse,

De La Société...

///

Ceux Qui Ont
compris,

ce qu'Une Culture,

Alternative,

223

Avait A Leur,

Apporter,

par La Maitrise,

Du Classicisme,

Pour En Eclairer,

Les Enigmes,

En Ont Tiré, parti.

Les Autres,

Ont Eté Victimes,

De Leur Mépris,

Toutes Classes,

Sociales,

Confondues...

///

Celui Qui A Le Sens

De La
Connaissance,

Respecte,

224

La Connaissance,

Sous Toutes Ses

Formes...

Même s'Il En
Connait,

Les Limites...

Ou, Les Impostures...

///

Un Sujet, d'Etude,

N'Est Jamais,

Ridicule,

Tant qu'Il A La

Capacité,

De Nous Eclairer,

Sur Notre Humanité.

///

Tous Les Partisans,

Des Cultures,

225

Alternatives,

Ont Dénoncé,

L'Hermétisme,

De La Pensée,

Académique,

Et L'Obstacle,

De Son Inaccessibilité,

Pour Cause,

De Dualisme,

Et d'Opacité,

Sociale...

///

Le Rôle, De La

Culture,

Est De Rendre,

L'Être Humain,

Libre,

Et Maitre, De Son

Destin.

///

Il Y A Un Net,

Progrès,

Dans L'Intérêt,

d'Un Public, Jeune,

Pour Des

Thématiques,

Historiques,

Culturelles,

Et Géopolitiques,

Qui N'Est pas

Le Fruit,

Des Autorités,

Seules,

Mais Des Initiatives,

Parallèles,

Associatives,

Liées Ou Non,

A Des Cultures,

Dites En Marges,

De La Culture,

Dominante,

Ou *Aux Prêches,*

De La Culture,

par L'Art,

Et Les OEuvres,

Artistiques...

///

Nous Avons Fait,

L'Ecole,

Buissonnière,

c'Est La Raison,

Pour Laquelle,

Nous Savons *Quelque/s*

Chose/s...

Seule, L'Intention,

d'Accéder,

A La Sagesse,

Donne, Accès, à La

Sagesse,

Qui Doit Être,

reconnue,

Sous Toutes

Ses Formes,

Par Les Esprits,

Curieux,

Des Apprentis,

Non Point,

Le Chantage,

d'Une Science,

Qui Refuse, La

Conscience,

La Bonne Foi,

Et La Sincérité.

///

L'OEuvre Artistique,

Pour cette Raison,

qu'Elle Soit,

Musicale,

Cinématographique,

Picturale,

Purement,

Esthétique,

Faisant Référence,

à L'Histoire,

Ou Encore,

Poétique, Et

Métaphorique,

Est Source, d'Eveil,

A L'Appréhension,

Du Monde,

par Perception,

Directe,

De L'Âme,

c'Est à Dire,

De La Raison,

Intime...

///

Le Conte, Des Films,

De Genre,

Prouve,
Que L'Ascension,

Sociale,

Est Une Enigme,

Est Une Impasse,

Au/x Parfum/s

Dangereux...

///

L'Histoire,

De La Banlieue,

Qui En Elle

Même, Est Un Leurre,

Est Celle,

Du Conte,

Désabusé,

D'Une Perdition,

Qui N'Est pas

Reconnue,

Pour Cause,

De Clichés,

Imposés, à

Tous,

Que L'Iconoclasme,

De L'Art,

Autant,

Que Celui, De

L'Engagement,

Social,

A Combattu,

A Ses Risques,

Et Périls,

Face à Une

Problématique,

Fondamentalement,

Raciste, De Part,

Et d'Autre...

///

Dans La Question

De La Richesse,

Et De La

Pauvreté,

ce Sont Les
Personnes,

Qui Sont En Jeu,

Et Mises En

Danger...

///

La Dite Culture,

De Banlieue,

Qui Consiste,

à Devenir Riche,

Et à Prôner,

Le Banditisme,

N'Est pas Une

Culture,

234

De Pauvre,

A Proprement,

Dit,

Même Si *Le Bien,*

Vivre, Et Le

Savoir Vivre,

Aussi Bien Que L'Art

De Vivre,

Y Ont Une Place

Fondamentale,

Bien qu'Essentiellement,

Marquée, Par Le

Désintéressement...

///

Chacun continue,

De Se

Réclamer, *De Telle*

Ou, Telle,

Origine,

Alors Que Tout Le

Monde, Sait Très

Bien,

Que Sur La Terre

d'Accueil,

Cela N'A *Aucun Sens...*

Une Origine, Perdue,

N'Est Jamais,

Retrouvée,

Et Il N'Y En A pas

d'Autre/s,

A La Place...

C'Est Ainsi *Que commence,*

La Quête De

L'Ascension, Sociale,

Ou De La Légende,

Du Pire,

Sans qu'Aucune Autre

Fin, Que Tragique,

Ne Puisse, Pourtant,

Être Possible...

///

Aux Etats Unis,

Où La Culture,

Est Une Notion,

Différente,

De Celle,

qu'Admet, La

Culture, Française...

Tous Les Rappeurs,

Les Plus Orthodoxes,

comme,

Les Plus Doués

Sur Le Plan, *Du*

Lyricisme,

Ont Eté *Des Pauvres*

Enseignants, Vertueux,

c'Est à Dire,

Des *Poor Righteous,*

Teachers,

5%ers,

Prêchant, L'Islam,

comme Humanisme,

Et Rationalisme,

Vis à Vis,

Des Problématiques

Sociales,

En Milieu Sensibles,

c'Est à Dire,

Dans Les Quartiers.

Par I / S / L / A / M /

Les 5%ers,

Entendent,

La Connaissance,

De Soi,

Par La Maitrise,

Du Langage

Alpha/Numérique,

Sans Dieu Mystérieux,

Ni Mystère,

De La Divinité,

Ni Divinisation,

De L'Homme,

Malgré L'Appellation

De Dieux,

Par Laquelle,

239

Ils Se Saluent,

Et *Qui Ne Prouve,*

Pas Autre Chose,

Que La Maitrise,

De Sa Propre,

Culture...

Par Un Langage

Donné...

///

///

La Question Du Rap,

Est Une

Question,

Importante,

Car Elle Prouve,

qu'On Ne Sait,

240

s'Adresser,

A Une Jeunesse,

Egarée,

En Des Termes,

qu'Elle comprenne...

Et que cette

Education,

Est Laissée,

A Ceux, Qui Ont

Pris, Parti,

Pour L'Humanisme,

Malgré Une

Situation,

Difficile...

Et Un Contexte,

Précaire...

/ / /

L'Association,

Du Rap,

à La Violence,

Pure,

Et Simple,

Est Un Egarement,

Par Rapport,

à ce Que L'Art,

Du Spoken Word,

Et De La Maitrise,

Rythmique,

Et Poétique,

c'Est à Dire,

Mathématique,

Et Alphabétique,

Du Langage,

A Pu Être, pour

Les Enseignants,

Vertueux,

En Termes,

De connaissance,

De Soi,

Et De Pacification,

Des
Cœurs...

///

Là Où La Société,

A Prôné,

Le Sexe,
La Drogue,

Le Crime,

Par La Télévision,

Et Le Cinéma,

Sous L'Angle,

Du Vice,

Essentiellement,

Le Rap,

comme Art,

De L'Avertissement,

A Décrédibilisé,

La Pratique,

De L'Excès,

Et Du Mal,

Avant Que Sa Science,

Ne Soit Déviée,

Par L'Intérêt,

Mercantile...

///

Autant, Que Par

Les Enjeux,

De Hiérarchie,

Sociale...

///

c'Est Un Fait,

Qui N'Est Nié,

Que Par Ceux,

qui Ne Ressentent,

Ni Ne comprennent,

L'Essence,

Originelle,

de cette

Culture...

/ / /

Le Rap,

A Prêché,

La Sagesse,

Et L'Art De Vivre,

La
Reconnaissance,

Du Mal,

En Société,

Et

Non Le Mal...

Il Y A dans
cette Musique,

A Boire, Et à

Manger,

Mais Les Originaux,

De cette

Culture,

Savent, En Quoi,

Elle Consiste,

Au Delà Des

Formes,

Et Des Idées,

Préconçues...

///

Cela Ils Ne L'Expliquent,

Jamais,

Pour Le Salut,

Des Pauvres,

Et Des Plus Délaissés.

/ / /

Voilà Pourquoi,

Nous Pensons,

Que cet Art,

A Une Dimension,

Sacrée,

c'Est à Dire,

Vitale,

Qui Doit, Amener,

Ceux, Qui Le

Pratiquent,

Sincèrement,

à Le Pratiquer,

Dans La
Clandestinité...

///

Par, Humanisme,

Et Non pour Des

Raisons,

Triviales...

///

Non Seulement,

Le Rap,

A Amené, Beaucoup

De Personnes,

à La Culture,

Mais Ils A Mené,

Beaucoup De Ses

Auditeurs,

A L'Education,

Également...

///

cette Culture,

Nous L'Avons Evoquée,

Avec Notre Second Ami

Iranien.

Il Nous A Transmis,

Un Message,

Et Nous Ne L'

Avons pas Jugé,

Sur Sa,

Couleur...

///

Nous Avons Trouvé,

Notre,
Chemin,
En Parti, Grâce, à
cet

Echange...

///

Au Milieu,

De La Question

De La Violence.

///

Le Rôle,

Des 5%ers,

Est De Faire,

comprendre,

Aux Plus Délaissés,

Le Rôle
Salutaire,

De L'Enseignant,

Face

à L'Enjeu,

De La Perdition

Facile,

Du Piège, Du

Monde Apparent,

Et Des Illusions,

De ce Monde...

///

Le Monde, Est Une

Illusion,

Grave...

Le Salut,

Est Dans Le Réel,

comme Seule,

Lumière...

///

Cela, Les 5%ers,

En Témoignent,

Par Leur Art,

Et Leur,

Culture...

///

///

Un Enseignant,

Ne
Méprise, Jamais

Une Personne,

En Difficulté.

///

///

L'Education,

Est Une Dimension,

Importante,

De La Vie, Des

Populations,

Immigrées, Et Des

Minorités, *Dans Leur*

Pays, d'Origine,

Mais Dans Leur,

Pays d'Accueil,

L'Incompréhension,

En fait Un Problème.

La Banlieue, Se Sait

Victime, De

Préjugés,

Mais,

Elle Ne Pratique,

Jamais, L'Etude,

Critique,

Des Siens, Propres.

///

L'Iconoclasme,

Est Le Summum,

De L'Examen, Et De

L'Etude,

Critique,

Sous La Forme,

De La Pratique,

Artistique,

Ou De La Vie,

Spirituelle,

A Proprement Dit,

Vis à Vis,

De L'Illusion, De

ce Monde,

Qui Est Le Diktat,

Du Préjugé,

Et Du Jugement.

///

Le Salut,

Personnel,

Dans L'Optique,

Du Bien Être De

L'Âme,

Face à La Violence,

De ce Monde,

Est Le Dépassement,

Du Préjugé,

Par L'Iconoclasme.

Le Préjugé,

Empêche,

Toute Forme De Savoir,

Dont Il Est

L'Anti/Thèse,

Prouvant, Ainsi

Que La Connaissance,

Est Impossible,

Sauf Par Le Réel,

Un...

Inaccessible,

Sans Amour Du

Prochain.

///

Nous Avons Vu La

Mort, à Plusieurs, Reprises,

Et Nous Avons Dû

Affronté,

La Méchanceté.

Nous Savons Que La

Violence, Mène Au

Pire.

///

Elle N'Est pas Facile,

à Juguler.

Mais Le Seigneur,

Est Plus Proche, *De*

Nous, Que De Notre

Jugulaire...

Il Faut Prier, Sans

Cesse...

///

///

L'Enseignement, à

Travers, L'Art,

Est Un Crédo,

De La Pacification,

Des Cœurs...

///

'De Même/
Que Le Verbe/
Donne/
Accès/ Au/

Savoir///

Un Disque/ De
Jazz/

Vaut/ Un Livre/
De
Philosophie/'

/AKA/

///

Nous Savons,

ce Que Nous

Devons,

à L'Esprit,

Critique, à

L'Occidental,

Qui Manque, Tant,

Au Monde, Des

Banlieues,

Sans, Jugements,

Excessifs,

Ni, Mauvaise Foi,

En Termes,

d'Humanité.

Cet

Esprit Critique,

Sans Sa Politisation,

Garantit,

La Liberté,

Humaine,

Et La Liberté,

De Conscience,

Tant qu'Elle N'Est pas

Trompée,

par Les Considérations,

Matérialistes,

Ni,

Les Enjeux, De

Mauvaise Foi,

Dus à L'Insécurité.

///

La Violence, En

Banlieue,

Crée, De La Méfiance,

Vis à Vis,

Des Autorités,

Et Si cette Méfiance,

Peut Créer, De La

Mauvaise Foi,

Elle Peut Créer, Aussi,

Des Erreurs,

De Jugements,

Face Aux Manques,

De Traitements,

Des Questions,

Liées, Aux

Cultures,

De L'Immigration,

Et Aux Cultures,

Des Fils,

d'Immigrés...

La Haute Culture,

Ne Doit pas

Être Inaccessible,

Aux Jeunes, De

Banlieue,

Qu'Il s'Agisse,

De Philosophie,

d'Histoire, De

Géographie,

Ou De Géopolitique,

Auxquelles,

La Seule,

Religion, Ne Peut

Répondre, à

Elle Seule...

Ce Que Les Jeunes,

De Banlieue,

Consomment,

Doit Être Passer,

Au Crible,

De ce Jugement,

Critique,

De Bonne Foi,

Et De Considération,

Humaine,

Sans Mauvaise,

Orientation,

Ni Préjugé,

De Coloration,

d'Idée, Ou De Foi.

///

Les Films, La Musique,

La Violence,

qu'Ils Véhiculent,

La Promotion,

d'Une Sexualité,

Dénuée, De

Sentiments,

Ou d'Education,

Morale, Stricte,

Dans Une Optique,

d'Epanouissement,

Humain,

Doit Inviter,

Les Jeunes,

Banlieusards,

En Mal, De Reconnaissance,

Sociale,

En Contexte,

d'Hypocrisie,

Ethnique,

A Parvenir,

A Une Transversalité,

De La Critique,

Et De L'Etude,

Sans Mauvais Parti,

Raciste,

Ni Piège facile,

communautaire...

///

L'Esprit,

Critique,

Occidental,

Pourra, Ainsi, Se

Nourrir,

de ce Que Les

Nouvelles, Générations,

Issues,

d'Horizons,

d' Afrique,

Et d'Orient,

mais Aussi, Des

Caraïbes,

Auront, A Offrir,

Après Un Retour, Aux

Sources,

Au Delà Du Mythe,

Et Sans Mensonges, Ni

Illusions...

L'Illusion,

Est la Quête, Des

Origines,

Perdues,

Qui Sont, Une

Problématique,

Posée, par L'Occident,

A Des Populations,

Qui Vivent,

Sur Son Territoire,

Mais qu'Il ne

Considère, comme En

Faisant, Parti.

//

Le Repli communautaire,

Est Il L'Echec,

De L'Intégration,

Seulement,

Ou L'Innocence, d'Un

Amour,

qui s'Admet,

Faussement, Innocent ?

Le Piège En Amour,

Est fatal,

Et Traitre...

Tout Le Monde, En

Pâti,

En Amour, comme

En Amour Du

Prochain.

L'Occident,

Chrétien,

Est Confronté,

à sa Doctrine, Du

Salut,

Pourtant, *Très* Humaine,

Pourtant,

Parfaite,

Mais Cautionnant,

L'Exclusion,

Autant Qu'Elle La

Combat,

Avec Des Moyens,

Dits Humanistes.

L'Amour Est En Question,

Et

L'Industrie,

Du Divertissement,

A Condamné,

Le Vrai Parti pris,

De L'Art,

comme Enseignement,

à L'Humanité,

Quels Que Soit,

Ses Registres,

Ou,

Ses Niveaux De

Langage/s,

Ou, Encore, Le Public,

Auquel Il s'Adresse.

///

Dans L'Esprit,

Critique,

La Maitrise, Des

Mots,

Est Salutaire.

Quoique Traitre,

Dans Son Divertissement,

La *Musique Urbaine,*

Aurait Du

*Avoir Quelque
Chose à Enseigner.*

Les Plus Avertis,

L'Ont compris,

Mais cette Epoque,

Est

Révolue.

Cette Epoque,

Où Les OEuvres,

Des Artistes,

Urbains,

Avait Encore,

Une Vertu Educative...

Toutes proportions,

Gardées,

Vis à Vis, *De ce*

Qu'On Doit à L'Ecole,

Ou Encore,

à L'Auto / Education.

/ / /

Face, *à La Question,*

De La Violence,

En Société,

à Travers, *La Thématique,*

Des Quartiers,

Et De La Banlieue,

De cette Violence,

Accrue,

*Relayée, Par Les
Médias,*

mais Aussi,

*De Notre Propre,
Témoignage,*

De Scènes, De
Violence/s,

Dans Notre
Environnement,

Direct,

Scolaire,

Citadin,

Urbain,

Personnel,

Nous Avons *Choisi,*

à La Fin des
Années

90,

De cesser, L'Ecoute,

De Musique Rap,

Définitivement,

*Et De Nous
Consacrer,*

*à L'Amour Du
Prochain,*

Prôné, par Les
Evangiles,

Autant, Qu'à La

Pratique,

De L'Iconoclasme,

Prêché, Par Le Coran.

///

Néanmoins,

Interpellés,

Par Le Verbe,

Et

Sensibles, Au Verbe,

Dans Le Contexte,

Religieux,

Des Ecritures,

Nous Nous Sommes

Tournés, vers

La Poésie,

Par Sensibilité,

Personnelle,

Et Par Sensibilisation,

à La Promotion

Progressive, Du

Slam,

Durant, Les Années,

90,

Et à La Fin De cette

Décennie.

///

Après Avoir Visionné,

Le Film,

'Slam',

Initié, Et Proposé,

Par Le Slameur,

Et Poète,

Saul Williams,

Mais Aussi, Par La

Scène,

De Poésie

Contemporaine,

Américaine,

Nous Avons Pensé,

qu'Il Y Avait Beaucoup

à faire,

Dans ce Domaine,

En

Mettant,

La Dimension,

Hip Hop, De Côté,

Pour Une Approche,

Décomplexée, Sur Le

Plan, Artistique,

Incolore,

Marquée, par Des
Intentions,

Plus Universelles,

Et moins, Fermées.

///

L'Etude, De La Poésie

Orientale,

Perse, Arabe,

Chinoise, Japonaise,

Nous Y A Aidé,

En Faisant,

De Notre Vie,

Une Expérience,

Poétique A Part,

Démontrant, Ainsi,

Que La Poésie,

Est Un Mode,

De Vie,

Et Un Témoignage,

Du Réel,

Au Delà,

De Toute Approche,

Cinématographique,

De La Vie,

comme, Jeu,

En Particulier,

pour ce Qui Concerne,

La Violence.

Les Clips De Rap,

Encore Bon Enfant,

Dans Les Années 90,

Sont Devenus,

Plus Violents,

dans Les Anées,

2000,

Faisant, Du parti

Pris,

Poétique,

Un Hériter,

Du Rap Des Origines,

Dans *Sa*

Proclamation,

Pour La Paix,

Contre La Violence...

///

C'Est Un Rêve,

Que De Le Dire,

Mais

Y Croire,

C'Est Le Mettre, En

Pratique.

///

c'Est La Raison,

Pour Laquelle,

Les Etudes Universitaires,

Qui Mettent,

En Relief,

La Poésie Rythmée,

En Générale,

Avec Sa Pratique,

Islamique, Par

Culture,

L'Islam,

Les Enjeux Du Moyen

Orient,

L'Arabisme/s,

Et La Persitude,

Nous Semblent, Moins

Incongrus,

qu'Il N'Y Parait,

En Prouvant,

Que L'Influence,

Islamique,

Dans Le Rap Orthodoxe,

N'Est pas Fortuite,

Même,

Si Elle Est Gâchée,

par Son Exploitation,

Triviale,

Et Matérialiste.

/ / /

Cinématographier,

La Violence,

La Rendre,

Esthétique,

Est Un Jeu, Dangereux,

Malheureusement,

Inhérent,

A la Nature,

De Notre Société,

commune...

///

La Poésie, Est Un

Appel,

Au Calme,

A La Pacification,

à La Recherche,

De La

Paix, Intérieure,

Autant,

qu'à La Maitrise,

De L'Agressivité.

La Maitrise,

Des Mots, Du Verbe,

Du Langage,

Représente,

La Clé,

Du Dépassement,

Du Trivial,

En Termes, De Violence

Dans L'Optique,

d'Une Virilité,

Positive...

///

La Poésie,

comme Manifestation,

Du Réel,

à Travers,

L'Inspiration,

De La Langue, Arabe,

comme Réel,

Poétique,

Est L'Au Delà De La

Représentation,

Et Du Cinéma,

Au Sens Familier,

Et Figuré,

Du Terme,

Pour Plus De

Sincérité,

Via Les Lettres,

Poétiques,

Par L'Elévation,

Du Lettrisme,

comme Philosophie,

Alternative,

Du Langage...

/ / /

La Vie, N'Est Ni Un

Jeu,

Ni Un Film,

Ni Un Spectacle...

/ / /

comme Le Veut,

La Sentence,

Coranique,

Qui Dit,

'Ne Dites Pas

Qu'Il s'Agit d'Un

Jeu,

284

ce N'Est pas Un

Jeu...'

///

La Vertu, Du Son,

De L'Âme, des
Couleurs,

Autant, Que celle

Des
Couleurs, De L'Âme,

Introduisent,

L'Harmonie,

Dans Une Vie,

Et Rompent,

Avec La Tension,

Et L'Agressivité.

La Question,

De La Diversité, des
Cultures,

Et De Leur,

Attribution,

Aux Uns, Ou Aux

Autres,

N'Est pas Une Question
Anecdotique,

Mais Un Enjeu,
Important,

Au Sein Duquel, Seul

L'Amour Du Prochain,

Peut Être Une
Solution...

Pour moins, De
Conflits,

Et d'Affrontements,

Ou,
Déchirements,

Fraternels...

///

Les Amitiés, *De Jeunesse,*

Sont Souvent,

L'Occasion,

d'Echanges
Culturels,

Mais Sans
Désintéressement,

Ni Sincérité,

ces Considérations,
Mutuelles,

Et Acceptation / s,

De L'Un, Et L'Autre,
comme,

Soi / Même,

Peuvent, Être,

Le Début,

De Tragédies,

Et Situations,

Dramatiques... / / /

/ / /

**Je Sais/ ce
Que
C'/Est/**

Que De/ Perdre

Un/

*Ami/// Un
/Parent/*

&/ Un Frère/

/AKA/

AKA Louis

SALUTATIONS
A MES FRERES
EN IVRESSES

AKA Louis

SALUTATIONS
A MES FRERES
EN IVRESSES

AKA Louis

SALUTATIONS
A MES FRERES
EN IVRESSES

AKA Louis

SALUTATIONS
A MES FRERES
EN IVRESSES

AKA Louis

SαLuTαTieNS α MeS FReReS eN DeTReSSe

Un Essai Poétique
De Louis AKA

AKA Louis

SALUTATIONS
A MES FRERES
EN IVRESSES

AKA Louis

SALUTATIONS
A MES FRERES
EN IVRESSES

'AKA'

4/ *Récit Cinématographique* **Sans Représentation/**

Ou Le Message/

'Adore *[Dieu]* comme *Si Tu Le Voyais* Car *Si Tu Ne Le Vois Pas Certes Lui Te Vois'*

(Hadith Du Prophète – PBSL)

Le Message,

Est Un Film De

Moustapha Akkad

Sorti, En 1976.

Il Est Consacré, à La

Vie Du *Prophète,*

De L'Islam (PBSL), Dont

Il Est Le Bio/Pic Le

Plus, connu,

Pour Ses Scènes
Légendaires...

Et pour La Rareté,

De ce Thème,

Sur Les Ecrans De
Cinéma,

Sur Le Plan, Mondial,

Avant L'Arrivée,

d'Internet.

Avant L'Arrivée, d'Internet,

Ce Film, *Était Largement*

Partagé,

à Travers, Les Cassettes
VHS

à L'Epoque, Du Magneto/
Scope,

Et De L'Intérêt,

Suscité,

Par ce Type De
Document Rare,

Et Encore Insolite,

Pour Les Générations

Précédant,

Les Années 2000...

Notre Deuxième Ami Persan,

En Dehors, Des
Films
De Genre,

Nous Avait Proposé,

De Le Voir,

Dans Le Cadre, De Nos
Echanges,

Amicaux,

De Centre d'Intérêts commun
Sur Le Plan,
Culturel,

Et d'Une Invitation,

Fraternelle,

A Considérer,
L'Islam,

comme *Une Voie Possible,*

Sans Rigorisme,

Mais Avec L'Honnêteté,

De La Prise,
En
Compte, Grave,

Du Salut...

///

Ce Partage, De Thématiques
Islamiques,

Etant Essentiellement,

Fraternel,

Sans Prêche
Particulier,

Avec Une Tendance,

Pour Le Soufisme,

Et Pour *La Culture,*

De L'Ivresse,

Qui En A Fait,

Dans Notre parcours,

Un Souvenir,

De Jeunesse,

d'Amitié,

Franche,

De Grande Valeur,

Malgré,
L'Immaturité,

Et La Passion, Des
Bons
Amis...

///

Dans ce Film,
Intitulé,

Le Message,

Le Prophète, De L'Islam

(PBSL)

N'Apparait pas Une
Seule
Fois,

Ou N'Est pas *Représenté,*

Conformément,

Aux Prescriptions

Islamiques,

Et à La Culture,

Humaniste,

De L'Islam,

Qui Veut, De Ne pas
Juger,

Sur La Couleur,

L'Origine,

Ou Le Statut,

Social, face à La Mort.

Face, à La Divinité,

Les Prophètes,

Sont Frères,

Et Nul N'Est Placé,

Au Dessus Des Autres,

Quelles Que Soient,

Les Particularités
De
Chacun,

La Spécificité

De Son
Message,

De Sa Mission,

Et Son Livre.

Jésus,

Est Hautement,

Considéré, En Islam.

Mais Malgré,

Un Statut, Inégalé,

Et Très Rare,

L'Accent, Mis Sur Sa *Non*/

Divinité,

En fait Un Apôtre,

Du Parti Des Humbles,

Face à La Question
De
La Divinisation
De
L'Homme,

Et Selon, Les
Considérations,

Incontournables,

De La Culture,

Orientale,

Pour Laquelle,

L'Humilité, Est Une

Evidence,

Et Un Savoir Vivre, qui

Sauve...

Le Film *Le Message,*

Est connu,

pour Avoir L'Acteur

Anthony Quinn,

Dans Un Des Rôles,

Principaux,

Ainsi que Pour Plusieurs

Scènes,

Dont

Le Début De La Proclamation

Du *Prophète, (PBSL)*

Les Scènes De Batailles,

La Montée, De Bilal,

Sur La Kaaba,

L'Accueil, Des
Compagnons, Par *Le Négus*

d'Ethiopie,

Qui Fut Une Des
Raisons,

Pour Lesquelles, *Notre Ami*

Souhaita,

Que Nous Vîmes cet Opus.

Ali Ibn Talib, (PBSL) Non Plus

N'Est pas

Représenté, Dans ce Film.

Jésus, A

Dit,

Si Quelqu'Un Vous Dit alors:

Le Christ Est ici, ou: Il est là,

Ne le croyez pas.

(Matthieu 24:23)

///

On Vous Dira: Il Est Ici, Il Est Là.

N'Y Allez pas, Ne courez pas

Après.

(Luc 17:23)

Et Le Roi Leur répondra: Je Vous Le dis En Vérité,
Toutes Les fois que Vous avez fait ces choses à L'Un
de ces Plus Petits de mes Frères, c'Est à moi que
Vous Les Avez faites.

(Matthieu 25:40) ...

(...) 39/ Quand T'Avons-Nous Vu Malade, Ou En
Prison, Et Sommes-Nous Allés Vers Toi? 40/
Et Le Roi Leur Répondra: Je Vous Le Dis En Vérité,
Toutes Les Fois que Vous Avez fait ces Choses à l'un
de
ces Plus Petits de Mes Frères, c'Est à moi que Vous
Les Avez
Faites.

Est Un Autre Extrait

Des
Evangiles...

(Matthieu 25)

Ou Un Fragment plus
Complet,
De ce Passage...

... Au Delà,

De La Dimension

Interpellatrice,

De ces Versets *Sur Le Plan
Fraternel,*

Il N'Est pas Difficile, d'Y
Reconnaitre,

Le Commandement,

Divin, d'Aimer Son
Prochain,
comme Soi Même,

Et d'Aimer *Dieu,*
De
Toutes Ses Forces...

///

Une Des Premières Affirmations
Du Prologue
De
Jean,

Est Le Verset, Selon
Lequel,

Personne N'A Jamais
Vu
Dieu,

Et Le Passage,

Selon Lequel,

La Lumière, Est Venue

Dans ce Monde,

*Sans qu'Elle Ne
Soit
Connue...*

/ / /

L'Iconoclasme,

Du Passage,

De *Jean,*

Autant que *Celui,*

Des Paroles,
De
Jésus, En *Matthieu,*

Et Luc,

Invite, à Méditer,

Sur L'Avènement,

De L'Islam,

comme Religion,

Du *Dieu Unique,*

Sans Représentation.

Ce Fondement,

De L'Islam,

Et Son Parti Pris,

d'Un Jésus,

Musulman,

Font Des Paroles Du
Christ,

Une

Invitation Fraternelle,

à La Religion,

Des Prophètes,

Et Du *Dieu Unique,*

comme Histoire

communautaire,

Au Delà De *Toute*

Prophétie,

comme Mission, d'Un

Individu Seul.

///

Le Prophète Est plus

qu'Un Individu,

Il,

Est,

Le Porteur, d'Un Message,

Qui s'Adresse, *à*

Une Communauté,

ce Qui fait,

de cette Communauté,

Et De *Lui,*

Une Entité,

Fraternelle,

De Bienveillance,

Et d'Amitié,

Spirituelle,

Au Delà De Toute

Fraternité,

comme Fondement.

///

Si Quelqu'un Dit : J'Aime Dieu, Et qu'Il
Haïsse Son Frère,
c'Est un menteur ; Car Celui Qui N'Aime pas Son
Frère qu'Il voit, comment Peut-Il Aimer Dieu qu'il
Ne Voit pas ?
Et Nous Avons De Lui ce Commandement : Que
Celui Qui Aime Dieu
Aime Aussi Son Frère.

(1 Jean 4:20-21)

Le Prophète,

N'Est pas Nécessairement

Un Homme,
Meilleur qu'Un Autre,

Il, Est

L'Expression,

Du Besoin, Et De La

Nécessité,

Du Salut,

d'Une Communauté,

Face à Ses Limites,

Et à Ses Erreurs.

Il Est *Un Frère,*

Avant d'Être *Un Maitre,*

car c'Est Par

Sa Fraternité

qu'Il Invite à Connaitre

Dieu,

La Fraternité

Etant L'Humanisme.

C'Est Donc d'Humanisme,

Dont Il Est

Question,

Plutôt, Que *De Religion*

Au Sens

Strict,

Les Prophètes,

N'Ayant Fondé, De Religion

Au Sens Strict,

De La Lettre,

Et Le Mot Religion, *En
Arabe,*
Ayant Le Sens De
Mode,
De Vie...

La Fraternité,

Ou L'Humanisme,

Est Donc La Seule Vraie

Voie,

De Salut.

Elle s'Inscrit,

Dans Le Respect, De

L'Individu,

De Son Libre, Arbitre,

De Sa
Conscience,

De Son
Apprentissage, De L'Amour,

De Sa Capacité,

à Être Un Frère,

Lorsque La Solitude,

Ou L'Epreuve,

Ronge,

Au Point, De ne Plus

Croire...

Non Point d'Être

Crédule,

Mais De Ne plus Avoir
Confiance,

En La Vie...

///

Le Sens De L'Unicité,

Plutôt,

Que Le Sens, De *L'Unité,*

Qui Est
Toujours,

Un Défi Métaphysique,

Met, La Diversité

En Valeur,

Et Fait Du Multiple,

Une Raison

d'Aimer sans Se
Corrompre...

///

L'Humanité, Est Faite

Pour Se
Connaitre, Elle Même,

Au Delà De La
Connaissance,

Formelle,

De *L'Intellectualisme,*

Et Du Raisonnement,

Qui N'Est pas Fructueux,

à Proposer, Un Salut,

Pour les Sans
Salut,

Ou les Egarés,

Sur Le Chemin...

La Bible, Est faite

Pour Les Sages,

Disent,

Les Africains,

Adeptes De Sagesse...

///

Il En Est De Même Pour

Toute/s Ecriture/s...

///

Sage Est Celui qui Ne
Se
Prononce, Aisément,

Sur La Nature,

De *Dieu,*

Ou Sur L'Image De La
Réalité,

Suprême...

///

Le Salut, Vient par
L'Insolite...

/// Et

La Main Tendue,

Est *Celle* Qui Sait
Appeler

Frère,

Celui

Qui N'A Eté Reconnu

comme Tel,

Ou Qui A Eté Jugé,

comme Ne Pouvant

L'Être,

Souvent, Par Ignorance,

Et Pour Le Tréfond,

Du Pire...

///

Les Paroles De Jésus

Sous L'Angle Islamique,

Sont

Une Invitation,

à L'Islam,

Non Forcément,

En tant Que *Religion,*

Mais comme *Culture,*

d'Avant Et Au Delà
De La Lettre...

///

c'Est dans L'Iconoclasme

Que L'On Trouve
Son

Chemin,

En Regardant Son
Prochain,

Avec Le Cœur, qui
Ne
Juge pas...

Et Qui Sait s'Elever
Au
Dessus Des Préjugés,

Et Des Apparences,

Les Plus Trompeurs,

Pour Prouver *Que Le Salut*

Existe,

A Défaut Que L'Existence,

De *Dieu,*

Puisse Être Démontrée.

Cette Optique,

Fraternelle,

fait Du Soufisme,

Et Du Dervichisme,

Sans Littéralisme/s,

L'Essence,

Du Cheminement d'Un

Frère,

Se Sachant Pauvre,

face à L'Inconnu,

Et à La Nécessité,

d'Aimer Son Prochain
comme Soi Même,

Et d'Aimer Son
Prochain,

comme Libre.

Le Soufisme, Et

Le Dervichisme,

Ne Sont pas Des

Questions Coercitives

d'Appartenance, à

Un Groupe,

Mas Des Proclamations

De Salut,

Pour L'Humanité,

Face à L'Injustice,

Du Fatum,

Et à L'Incontournable

De L'Erreur,

Humaine...

///

Le Pardon Est Donc Le

Maitre, Mot

En Islam,

Tout comme *Dieu,*

Est Clément, Et Miséricordieux.

///

Tout comme Un Frère,

Se Préoccupe,

De Son Frère,

Sans Pour Autant,

Lui Voler, Sa Liberté,

Ou Son Droit d'Être Libre.

///

c'Est Une Grâce,

De Voir Se Rencontrer,

Des Gens Différents,

Des Communautés,

Adverses,

Autour,

d'Un Message Commun,

Ou d'Un Parti Pris

Fraternel,

Pour Plus d'Humanisme,

Sans Charité

Mal Ordonnée...

///

On Ne Voit Jamais *Dieu,*

Et On Ne
Connait Jamais

Un *Prophète,*

Autrement qu'A Travers

Son Message,

Qui Est *Une Preuve,*

d'Amour,

De La Réalité,

Suprême,

Vers L'Humanité...

Le Messager s'Efface Derrière

Le Message,

Le Prophète,

Derrière, La Justice,

De L'Humanisme...

d'Être Frère/s En Humanité/s.

/// Le Film, *Le*

Message,

Est Très connu, Pour

La Mise En Scène,

De La Légende,

Du *Négus d'Ethiopie,*

Accordant,

Le Refuge,

Aux Compagnons,

Du *Prophète, (PBSL)*

Soulignant,

La Préservation,

De La *Tradition Ethiopique,*

Qui N'A Jamais

Eté Islamisée,

A Travers Les Siècles...

///

Lorsque Les Compagnons,

Rencontre Le Négus,

Ils Lui Récitent

La Sourate,

Maryam,

Qui

Est *La Sourate, XIX,*

Consacrée, à la

Vierge Marie,

Qui fait Le Lien

Entre Les Croyances

Islamiques,

Et Le Parti Pris,

Chrétien,

De La Naissance,

Virginal,

Du Christ,

Et De Sa Tradition

Forte,

à Travers Les Siècles...

Cette Résistance,

Afro/Orientale,

Et Résolument Tournée,

Vers L'Orient,

Par La Dimension

Orientale,

De la Corne,

De *L'Afrique,*

Souligne,

La *Dimension*

Fraternelle,

De La Relation Entre

Orientaux,

Et Africains,

Par Delà Les Enjeux

Stratégiques,

Et les Erreurs, De
Jugements,

Mais Aussi à Travers

Les Drames,

De L'Histoire...

C'Est *L'Iconoclasme,*

Qui Là Encore, *Et Aussi,*

Affirme,

La Dimension,

Salutaire,

De La Lumière,

comme, Non Duale,

à Travers *L'Unicité* Par Delà

Le Jugement,

Et dans L'Arabisme/s,

Qui Résout Le *Colorisme.*

///

L'Arabe, Est pour Nous
La Langue
Poétique Du Réel,

Face à L'Impasse, d'Un

Salut,

Pour Les Sans Salut,

ce Qui fait,

De La Poésie,

à Travers, *La Grande Tradition*

Arabe,

Et à Travers,

Les Chefs d'OEuvres Perses,

Un Appel, à Cheminer,

Vers Le Réel,

à Défaut, De Démontrer

Que *Dieu,* Existe...

///

C'Est Un Au Delà, Du
Mortifère,

Que De Croire,

En La Vertu De La
Poésie,

Quand Rien N'Est Possible,

Mais Que Le
Cœur,

Ose Quand Même...

On Trouve Un
Chemin,

Même Lorsque L'On Ne
Croit

Plus,

Et L'Impossible

Devient Réel,

Et L'Amour, Est
Accompli...

///

c'Est La Dimension

Poétique,

Du *Coran,*

Et Son Miracle

Linguistique,

Qui Touche,

Le Cœur, Du Négus,

Et De sa

Cour...

La Tradition

Arabe,

De Fraternité,

Ancienne,

Manifestée,

Par Le Mythe,

Arabe,

Moyen Oriental,

Et Ethiopien,

De Balkîs,

Et Du Roi, Salomon,

Dont Le Nom,

Est *Etymologiquement*

Rattaché,

à L'Islam,

Témoigne, d'Une

Communauté,

De Valeurs,

Professée, par La

Légende,

Qui Semble Ne pas Se
Vérifier,

Dans les Faits,

Mais Qui Se Prouvent

Par *La Culture.*

Au Delà *Du Théologique*

Et Des
Questions,

De Religiosité/s,

C'Est *Le* Bon Sens,

Qui Est Mis à L'Epreuve,

Par Les Thématiques,

Humanistes,

Les Plus Simples,

Mais Malheureusement,

Parfois,

Les Plus Incomprises.

Le Prophète, (PBSL)

N'Apparait pas Une
Seule

Fois dans Le Film *Le
Message,*

Et Pourtant, c'Est Un Film

Qui Lui
Est
Consacré...

Témoignant, Ainsi

qu'Un Amour Pour

L'Humanité,

Existe,

Au Sein *De L'Humanité,*

Pour Sa Rédemption.

L'Iconoclasme, Est Salutaire

En ce qu'Il fait

De L'Amour, Une Réalité,

Et Non Un Mythe...

L'Humanité, N'Est

Qu'Une. ///

**Les Gens/
Qui/ Ont Reçu/ L'/
Hospitalité///**

///

**Les Gens/
Qui/
Estiment/** *Le Mot*
Frère//
*Qui/// Esquissent/
Le Mot/ Fleur/*

**Ne/ Pas Savoir/
/// Est Un/ Salut///**

///

*Savoir/ qu'/On
Ne Sait/
Pas///* **Est Une
Rose/ Noire/** *d'/Erudition*
Sauvage///

/AKA/

5/ Disques De Jazz & Musiques Soufies/

'Tu Ne Sais pas
d'Où
Vient *La
Connaissance,*
Pour *Croire,
qu'Elle
T'Appartient...*'

/AKA/

Nos Premiers, *Echanges,* Avec

Notre, Deuxième,

Ami Persan,

commencèrent, Autour,

De La Musique, Et

Des Disques.

Nous Avons Eu par

Nos Relations,

Suffisamment,

Confiance, pour

Le Prêt, De Disques,

Et L'Echange, De

Connaissance,

De Culture/s, Musicales,

à Une Epoque,

Où Le Mot *Underground*,

Avait Encore, Un

Sens,

Pour Les Artistes,

comme Pour Les Auditeurs.

La Confiance, Que Nous

Avions, Dans Notre

milieu, Scolaire,

Y Compris, Dans Un

Contexte, Plus Difficile,

Au Début *des Années 90,*

Nous L'Avons Renouvelé,

Avec Notre Ami Persan,

Le Second,

En Acceptant, De Lui

Prêter,

Nos K7 De Sélection/s

Musicale/s,

Que Nous Faisions,

comme Une Sorte, De

DJ, Sans compétences,

Réelles,

Mais Avec, Une Passion,

Et *Un Sens Du Goût,*

Qui Nous Firent,

Respecter,

De Quelques Camarades.

Nous Lui Prêtâmes, Avant

Tout, Nos Disques, De Jazz,

Quelques Disques,

De Rap, d'Autres Opus,

Et Des Sélections De Notre

Cru, De Morceaux, Rares,

Et *Dit Introuvables,*

De Rap, Français Et Américain.

Le Rap, Fut Une Passion,

Qui Nous Réunit.

Par Son Biais,

Nous Avons Personnellement,

Eu Accès Très Jeune,

A Des Informations,

Qui Etaient, Très Rares,

à Une Epoque, Où

Internet,

N'Existait, pas.

/ / / Nous Pensons,

Notamment,

Au Panafricanisme,

Qui A Une Epoque,

Était, Populaire,

Dans Le Rap.

Nous Pensons, à des

Concepts,

Islamiques,

Qui Etaient, Partagés,

A Travers, La

Musique.

Nous Pensons,

Également,

à La Culture, Du

Sample,

Et Du Sampling,

Qui Est *Celle Des*

Oldies, Et des Crate

Diggers,

à Travers Laquelle,

La Bibliothèque,

Universelle,

Alternative,

des Autres Musiques,

Est Accessible,

Et Par Elles,

Par Le Biais, de ces

Musiques,

L'Ensemble, des

Cultures, Originelles,

Ethniques,

Fondamentales,

De La Diversité,

Du Monde,

Apparait, Plus

Clairement,

Pour *Une Meilleure,*

Compréhension, Du

Monde,

Et *De L'Humanité.*

///

C'Est Donc Par Le Biais

De La Musique,

Urbaine,

Electronique,

De L'Ecoute De Radios

Alternatives,

comme De Notre

Education,

Familiale,

Ouverte, Sur La

Diversité, Des

Cultures,

Et Les Rencontres

Inter/Ethniques,

Que Nous Avons Très

Vite,

Développé,

Une Facilité,

D'Accès,

A Une Large Culture,

Avec Un Goût, pour

La Recherche,

Et La Découverte,

d'Eléments d'Information,

Rares.

Notre Second Ami,

Persan,

Ne compris, pas

Forcément, Nos

Disques, De Jazz,

Mais Ils Lui Inspirèrent,

à Nous Prêter,

Ses Disques, Soufis,

Et Ceux de Son Père,

Qui Était, Un Erudit.

///

Notre Ami,

Fut Très Jeune,

Averti, Dans Le

Domaine, de L'Ivresse,

En Tant Que

Culture, Orientale,

d'Ordre, *Islamique,*

Même Parallèle,

Et Insolite.

Il Aimait, En Parler,

Avec Nous,

Et Sa Pratique,

Lui Causait,

Régulièrement,

Des Soucis, Avec Ses

Parents.

///

Son Père, à Juste

Titre, Était Très Sévère,

Avec Lui.

Nous Eûmes L'Occasion

De Nous Voir,

Un Jour.

/ / /

Il Nous Donna,

Sa Bénédiction,

Pour Notre Relation,

Amicale,

Qu'Il Voyait *d'Un*

Bon OEil.

///

Notre Ami, Fut

Le Premier Contact,

Que Nous Eûmes,

Avec L'Univers, Du

Soufisme.

Il Nous Parla,

De Prière,

Et Nous Invita,

à L'Islam, Sous Une

Forme, Amicale,

Et Non Spécifiquement,

Religieuse.

///

Parmi Les Disques

Soufis, qu'Il Nous Prêta,

Il Y Avait,

Le Disque, *Sufi Soul,*

Une Compilation,

Fameuse, à L'Epoque,

Et des Disques,

De *Nusrat Fateh Ali Khan,*

Que Nous

Connaissions,

Pour Avoir Un Lien,

Avec L'Asie Centrale,

Et Le Sous Continent,

Indien,

Sur Le Plan, Familial.

///

Nous Entendîmes,

Également, Parler, *De*

Nusrat Fateh Ali Khan,

à Travers,

La Radio RFI,

Et Par La Biais, De

Notre Culture, Musicale,

Qui Nous Avait,

Conduit, A Nous Intéresser

Aux Productions,

De Peter Gabriel.

///

Notre Ami, Fut Très

Surpris,

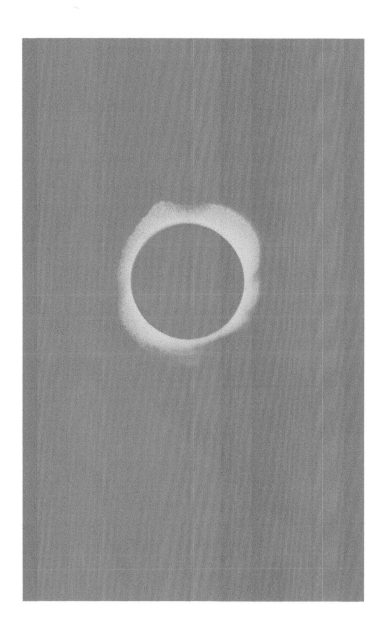

Que Nous En Ayons,

Entendu Parler,

Et Il Nous Initia,

à cette Musique,

Avec Beaucoup,

d'Enthousiasme,

Autant Que De Retenue.

///

Nous commençâmes

à cette Epoque,

A Avoir, Quelques

Lectures,

Autour De La

Spiritualité.

Notamment A Travers,

Les Livres de Sagesse

Asiatiques,

Mais Aussi,

à Travers, Des

Romans.

La Lecture, De La

Bible, des

Evangiles,

Autant Que Du

Coran,

Nous Inspira, à Prier,

Plus Souvent,

Et A Nous Demander,

ce Que Penser,

Voulait Dire,

Pour Un Garçon comme

Nous,

Qui Avait,

Du Mal,

A Développer, Ses

Réflexions,

Par La Profondeur,

Des Termes,

A Travers, Une Langue,

Reconnue,

comme Abstraite,

Et *De Grammaire,*

compliquée.

La Culture, De

L'Ivresse, Nous Y Aida.

L'Exploration,

Du Jazz, Et De La

Musique Soufie,

Nous Rendit, La Vie

Plus Simple,

Aussi,

En Cultivant Notre

Honnêteté,

Sentimentale,

Et En Nous Apprenant,

à Connaitre,

Nos Emotions.

///

Nous Avons Pu Nous

Elever,

Spirituellement,

Par Une Spiritualité,

d'Âme,

Et De Cœur,

Et Elever, Notre

Âme,

à Travers,

L'Ecoute, de ces

Musiques,

Ce Qui Nous A

Permit,

d'Accéder, à Une

Compréhension,

Du Monde,

Dépassant, Toutes Attentes,

Et Les Prétentions,

Les Plus Audacieuses,

Vouées, à L'Impasse.

///

La Musique, A Libéré,

Notre Potentiel,

Humain,

Notre Héritage,

d'Humanité,

Nos Interactions,

Humaines,

Et Notre

Univers Sentimental.

///

Nous Avons Appris,

à Mieux Connaitre

Notre Corps,

Par La Musique,

Et *à Accéder,*

à Une Dimension plus

Profonde,

Du Langage,

Par Le Son Et Les Formes,

Du Son,

Soit La Synesthésie,

La Science,

Des Sons, Et des

Couleurs.

///

La Culture Du Sample,

Fut Un De Nos

Initiateurs,

à La Culture, Du

Fragment,

Et Du Palimpseste,

Mais Aussi,

Des Bribes De Sagesse,

Sous le Manteau.

/ / /

Nous Ne Voyons plus Notre

Ami Aujourd'hui.

Mais Nous Le

Considérons,

comme Un Frère,

En Humanité.

Un Frère En Culture/s,

d'Islam,

d'Amitié/s, Et d'Ivresse,

d'Audace/s,

Et De *Partage/s, Fraternels,*

Dans Un Cheminement,

Qui Fut moins,

qu'Evident.

///

Nous Lui Rendons Hommage

Aujourd'hui.

///

Il Est Malheureux,

Lorsqu'On Prétend
Parler
d'Amour,

De

Condamner, Et Mépriser,
Quelqu'Un,
Parce qu'On Pense,
qu'Il Ne Sait Aimer,

Alors qu'On Ne
Croit En
L'Amour, Soi Même.

Cette Question,

Est pour Nous

Au Cœur,

De La Société,

Moderne,

Avec des Conséquences

Sociales,

Dramatiques.

/ / / L'Exclusion Sociale,

A pour Nous,

Pour Origine,

Le Mésamour,

Et *La Disharmonie.*

///

La Thématique,

De La Maitrise De
L'Art d'Aimer,

De L'Absence, De
Maitrise,
En Amour,
Par L'Abandon,

Par La Poésie,
La Danse, Et La
Transe,

Sont Des Thématiques,
Importantes,

De La
Culture Iranienne...

comme, De La
Culture,

Arabe...

///

Le Rap,

Est Une

Science, Profonde.

Le Rap,

Est Une Ecole,

De Sagesse.

Bien, Entendu,

De Tel, Propos, Sont

Nécessairement,

Problématiques.

Mais Nous Ne Les Tenons,

Pas, Pour Nous

Amuser.

Face Aux Faits De
Société,

De Violence,

Grave,

Nous Disons,

Que ce Sujet, Est

Une Thématique,

Majeure,

Sur *Le Plan,*

Contemporain,

Des Possibilités,

Pour Des Sphères,

De La Société,

d'Accéder, Ou Non,

A Des Formes,

d'Humanisme,

Ou De Défendre,

Leur Humanité.

Bien Entendu,

Il va De Soi,

Que Le Rap,

Est Une Musique,

Marginale,

Voire, *Dangereuse.*

c'Est La Raison,

Pour Laquelle,

Nous Disons,

Qu'Il Est Equivoque,

Voire, Bizarre,

d'Avoir Voulu, En

Faire, Une Pop, Musique.

///

La Dimension,

Educative,

De cet Art,

Ne s'Adresse, Pas

à Tout Le Monde.

Il Est Important,

qu'Il Puisse Être,
Compris, Dans Ses Aspects,

Généraux,

Mais Sa Pratique,

Devrait,

Être Réservée, à Ses

Artistes,

Les Plus Orthodoxes,

Et Les moins,

Sujets, Au Divertissement.

///

Le Rap,

N'Est pas Venu, Au
Monde,

N'Existe Pas Par

Hasard,

Il Existe,

Parce qu'Il

Y A, Dans cette

Société,

Des Problématiques,

365

Que Personne,

Ne Veut, Résoudre.

Et c'Est La Raison,

De Sa Vertu,

Au Delà Des
Egarements,

Et De La Mauvaise,

Pratique,

d'Un Art,

Qui A Nos Yeux,

N'A pas Eté,

Compris.

Ou Si Peu,

Manifestement.

Les Five Percenters

Ne Sont pas,

Des Prophètes,

Mais Ils Ont
Prophétisé,

L'Avènement,

De *L'Homme Blanc,*

Par, L'

Iconoclasme,

De La Blancheur,

comme De L'Asie,

Par

L'Islam, De

Culture, Asiatique.

Ils N'Ont pas Eté
Compris,

Car Leur
Langage,
Est Puissant...

Nous Ne Parlons,

En Leur,
Nom,

Mais Nous Disons,
ce Que Nous
Avons
Compris...

///

Nous Pensons,

qu'Il Faut,

Respecter,

Les Formes,

Culturelles,

De L'Islam,

Sans Pour Autant,

Cautionner,

L'Hérésie,

Vis à Vis, Des

Fondamentaux.

c'Est Une Affaire,

d'Humanisme,

Plus Que De

Théories.

/ / / L'Arabisme/s,

Ne Prouve, Pas

Nécessairement,

qu'On Soit Arabe,

Mais Prouve,

Eventuellement,

qu'On Sait ce

Qu'Être, Arabe,

Veut Dire.

Il N'Est pas Donné

A Tout Le Monde,

De Parler, *Arabe.*

Il N'Est pas Donné

A Tout Le

Monde, d'Être

Musulman, Non, Plus.

Être, Musulman,

Est Une Humilité.

Pas Un Orgueil.

Qui Est Juge,

De L'Islamité,

De Son Frère...?

Le Derviches,
Et Les Soufis,

Sont Les
Vrais Partisans,
De L'Aurore, Des
Marges,

Par
Humanisme,

Et Non,
Par Frivolité,

Ou,
Posture,
De Défiance...

La Marginalité,

Etant,
Un Miroir, Aux
Alouettes,

Où La Méprise,

Mène, à Des
Confusion,

Dangereuses...

///

Les Bandits, Ne

Sont, Pas

Des Sages,

Et Les Sages,

ne Sont pas

Des Bandits,

Pourtant,

Dans La Confusion,

Du Miroir,

Social, des Alouettes,

La Méprise,

Est Dramatique.

C'Est Dommage,

De Considérer, Que

L'Honnêteté,

Soit La Preuve, d'Un

Être Fragile,

Quand Elle A Tant

A Offrir,

En Termes De Force.

Et De Grandeur,

d'Âme.

Elle Peut Mener,

à L'Isolement,

Et à La Marginalisation,

Dans Un Contexte,

Où La Mauvaise Foi,

Est La Maitre,

Mais Jamais à La Perte,

De L'Humanité.

/Notes & Considérations Sommaires/ Sur Une Musique/ Marginale/

*'Les Rappeurs,
Ne
Sont pas Des
Bandits,
Mais Des Sages...'*

/AKA/

Toute Notre Vie,

Durant,

Nous Avons Eté Traité,
De

Déracinés,

De Sans Culture,

d'Egarés,

Alors, Que Nous

Etions,

Dans L'Essence,

De L'Amour, Du

Prochain,

Au Sein Même, De

Notre Culture,

Sans Jugement, pour

L'Expression,

De La Diversité,

Au Sein Même,

Des Cultures,
Endogènes...

///

A Travers,

Les Formes,

De Cultures,
Contemporaines,

Qualifiées,

d'Inculture,
comme Le Rap,

*Ou d'Absence, De
Musique,*

comme, Le Jazz, Libre,

Nous Avons Pu

Etudier,

L'Harmonie,

Et Les Thèmes,

Fondamentalement,

Islamiques,

De L'Unicité,

De L'Imprédictibilité,

De L'Improvisation,

Ou *Free / Style,*

Du Minimalisme,

comme, Du Raffinement,

De L'Iconoclasme,

Et De La Prosodie,

Des Déclinaisons,

De La Rime,

Des Modes,

Des Tons,

Des *Figures De Style/s,*

Du Sacré En

Iconoclasme,

De L'Iconoclasme,

Qui Rend L'Art Sacré,

Qui Ont Fait,

De Nous,

De Manière Très Spontanée,

Un Erudit,

Dans Le Raffinement,

De L'Erudition,

Et Du Savoir,

Le Plus Insolite,

Et Non Livresque...

///

La Culture,

Ne Se Perd, Jamais,

Elle Survit,

Parmi Les Déracinés,

Sans Culture,

Mais *Au/x Cœur/s,*

Vivants,

Pour Aimer,

Selon L'Humanisme,

Le Plus Sacré,

De L'Elan Vital,

Du Prochain, comme

Soi/ Même...

L'Affirmation
Des

Five Percenters,
Selon
Laquelle,

L'Homme Originel,
Est *Sombre,*

Et Que L'Homme
Noir Asiatique,
Est
Dieu,

N'Est Qu'Une Autre
Manière,

De Dire,

Au Delà de L'Insolite
Des Mots,

Que Le
Contraste,

Est Une Réalité,

De L'Arabisme,

Et Que L'Arabie,

Est Asie.

L'Asiatique,

Est Donc, Entre

Autre,

L'Arabe...

Et Si *Les Pauvres
Enseignants,*

Ne Le Disent,

Pas,

Autrement,

Que Par Un Langage,

Difficile,
à Décrypter,

c'Est Que Le Sujet,

Est Tabou,

Mais pas moins,
Connu.

*'The Black Man
Higher Self,
Is A Righteous,*

Muslim'

'Le Soi Supérieur,

De L'Homme,

Noir,

Est Un Musulman,

Vertueux.'

Est Un Autre
Adage,

Et Enseignement,

Des *Five Percenters.*

Il Ne Signifie,

Pas Autre Chose,

Que *L'Afrique,*

Est Arabique,

Que *L'Afrique,*

Prône, L'Arabisme,

Et Que Sous Son
Angle,

Islamique,

Désertique,

Du Sahel,

De L'Est Jusqu'à

L'Ouest,

Autant,

Que Par L'Aspects,
Des Liens
Profonds,

Entre *L'Afrique,*
Du Nord,

L'Arabie,

L'Afrique,

De L'Ouest,

Par Le Biais,

d'Une Culture,

commune,

d'Un Islam, De L'Au

Delà,

De La Lettre,

Par Humanisme,

Et Au Delà,

De La Coercition

Religieuse,

L'Afrique,

Est Essentiellement,

Orientale,

Et Que La
Couleur,

Noire,

Est Un Leurre.

Le Cœur,

De La Tradition,

Negro Africaine,

Est Un Arabisme,

De La Quête,

De L'Equilibre,

Et De La
Condamnation,

Du Suprémacisme,

Quel qu'en Soit *La Couleur,*

L'Intention,

Si Peu *Africaine,*

La Revendication,

à L'Humanité,

Pour Les Uns,

Mais Jamais,

Pour *Les Autres.*

Dire,

Que *L'Homme Asiatique,*

Est Noir,

c'Est Dire,

Que *Le Noir,*

Et L'Arabe,

Sont Frères,

Quand Bien Même,

Il Semblerait,

383

Impossible,

qu'Ils Le Soient.

Car, Ils

Partagent, Les Mêmes,

Valeurs,

Au Delà d'Une Mésentente,

Parfois,

Réelle,

Parfois Plus Apparente,

Pour La Lutte,

Contre L'Esclavage,

Et La Domination,

Des Peuples,

Dits Originels.

L'Enjeu, d'Une telle,

Optique,

N'Est pas Le Romantisme,

Mais La Sauvegarde,

De L'Humanité.

L'Arabisme,

Est Profondément,

Africain,

Et La
Culture, *à La Maure,*

à La Mauresque,

Existe, En Afrique.

Elle *Est Un Héritage,*

Evident,

Trop Fondamental,

Bien *Que Crypté,*

Pour qu'On Puisse,

Le Remettre, En Question,

Malgré, *L'Interrogation,*

Les Préjugés,

La Mauvaise, Foi,

La
Croyance, Au Risible,

Au Sans
Fondements,

Aux Dires Trop
Insolites pour Être Vrais.

C'Est Aux Détours,

De Quelques Paroles,

De Rap,

Métaphoriques,

Enigmatiques,

Que Nous Avons pris
Conscience,

De Notre Arabisme,

Avant d'En Venir,

à L'Expression,

De L'Arabisme,

Dans Le Jazz, Libre,

Puis d'Ecouter,

La Musique,

Soufie.

Nous Avons Eu, Des

Discussions,

Avec Notre Second,

Ami,

Persan,

Très Soucieux,

De Notre, Négritude,

Autant,

Que De Son Iranité,

De

Sa Réalité,

d'Être Perçu, comme

Blanc,

Alors, qu'Il Se

Sentait, *Noir,*

ce Que Nous

Ecrivons, *En*

Italique,

comme pour mieux,

Souligner,

L'Irréalité,

De cette
Couleur,

Son Impermanence,

En Dehors Du
Contraste,

Fraternel, Et Arabique,

Et De Son
Expression, De

L'Altérité,

comme Nécessaire.

C'Est L'Affirmation,

De L'Amour Du

Prochain,

Qui fait, De La

Thématique,

Noire,

Un Effacement, De

Soi,

Et *De L'Homme*

Noir, Une Impasse.

L'Extinction,

De Soi *Est Le Soufisme ;*

Et L'Affirmation,

De L'Amour,

comme Universel,

comme,

De L'Universalité,

Du Racisme.

Malgré,

Nos Interrogations,

Notre Déracinement,

Et Nos

Questionnements,

Sur Les
Origines,

Face à Une

Société,

Qui ne
Comprenait, Pas,

Nous Avons Trouvé,

Un Chemin,

De Culture,

c'Est à Dire,

d'Humanisme,

à Travers L'Art,

Et La Musique.

Bien Sûr, Le Rap,

N'Est Pas Un
Exemple,

Facile.

Mais Notre Cas,

N'Est Pas à Part.

Beaucoup,

De Ses Auditeurs,

Avertis,

En Sont Venus,

à L'Islam,

Après L'Avoir Etudié,

Et
Compris.

///

Il A Eté,

Pour Eux,

Une Ecole,

De Sagesse,

Et Une Science,

Profonde,

Mettant, En
Évidence,

Le Mal, De La
Société,

Son Hypocrisie,

En Amour,

En Humanisme,

En
Considération,

Pour Instruire,

Ses Auditeurs,

A Distinguer,

Le Bien, Et Le Mal.

Cela Se Vérifie,

Essentiellement,

Dans La Forme,

Orthodoxe,

De cette Musique.

C'Est A Dire,

Son Expression,

De La Côte Est,

En Particulier,

Sous L'Influence,

Des Five Percenters,

Qui Ont

Toujours,

Pratiqué,

Le Rap,

comme Un Véhicule,

d'Enseignement,

De Sagesse,

Ou Sous La Forme,

De La Science

Des Educateurs,

De Rue,

Pour *Sauver, La*

Jeunesse,
En Perdition,

Par Un Langage qu'Elle

Puisse
Comprendre.

///

Même Le Plus

Déraciné, Des Hommes,

Peut Retrouver,

Son
Chemin,

En L'Absence,

De
Culture,

Par,

La Réunion,

Des Bribes, De Sagesse,

Disséminées,

à Travers Les

OEuvres Artistiques.

Par Le Son,

Les Formes,

Le Contraste,

Et L'Impermanence,

*Des
Couleurs,*

Et Le Témoignage,

Du Réel
Dans Son Acception
Asiatique,

Par La Pratique

De L'Iconoclasme.

//

Dans Son Minimalisme,

Ses Niveaux,

Et Degrés,

De Métaphores,

Ses Références,

Voilées,

Le Rap,

A Eté,

Un Avertissement,

Pour Beaucoup.

Il Ne L'Est plus,

Aujourd'hui,

Parce Que,

Son Exploitation

Trivial,

A Mis Fin à Sa

Raison, d'Être,

Et à L'Honneur,

De Sa Sagesse.

Si,

Avec des
Eléments, Aussi
Rares,
Que Quelques Images

Des Five
Percenters,

Dans Un
Documentaire,

Et Quelques
Paroles De Rap,
Enigmatiques,

Nous Avons
Réussi,
à Comprendre,

Que L'Arabisme,

Est Un
Salut,

Par La
Fraternité...

c'Est Bien que
Nous Avons Une
Culture...

Même Si Le Rap,

En Est,

Une Forme,

Insolite,

Marginale,

Et *Problématique.*

Le Rap,

Nous A Eduqué, à
L'Arabisme/s,

Parmi d'Autres Formes
Artistiques...

comme Le Jazz,

La Peinture,

Et La

Calligraphie.

///

De Là à Dire,

Que Le Rap, *Est Arabe*

Il N'Y A que
Quelques Pas,

Que Nous Ne Franchirons
Pas,

Mais Qu'Il Est
Aisé,
De Franchir,

Si Tant Est,

Que L'On Puisse
Se Permettre,

ce Genre, De
Provocation/s...

Quand On Ne Fait,

La Part Des
Choses, En Matière,

De Poésie.

/ / / Dans Le Film

'Le Retour des Camélidés'

Dont La Vidéo *'Les*
Slameurs De Douz'

Est Extraite,

On Peut Voir,

Des Exemples

De
Poésie, Rythmée,

Comparable,

Au Spoken Word,

Dont Le Rap Est Un Enfant
Revendiqué,

Avec L'Idée,
Que
Le Rap, *Est Un Phénomène,*
Ancien,

Au Delà De Sa
Forme
Contemporaine...

Avec Sans Doute,

Une Origine,

Cruciale,

Et Sacrée / / /

Plutôt Simple,

à
Comprendre,

Qui Prouve La
Profondeur,

De Sa Science,

Les Eléments Périphériques
Mis à Part,

En Toute
Considération,
Artistique...

///

C'Est Un Jugement,

Et ce Sont,

Des Considérations,

Artistiques

Et Humaines,

Qui *Ne Sont Accessibles,*

Que Par L'Au Delà

Des Formes,

Et Du Jugement,

Primaire,

Même Le Plus Evident,

Face à L'Insolite.

401

///

'Les Chants Des

Dieux',

*Ou, 'Songs Of The
Gods',*

En Anglais,

Selon L'Expression,

Des 5%ers,

Le Slam,

Et Le Spoken Word,

Autant Que La

Poésie, Militante,

Des Afro Américains,

Convertis, à

L'Islam,

Constituent,

Le Rap,

Sous Sa Forme,

Originelle,

Et Récente,

En Parallèle,

Avec
La Culture,

Du Prêche,

Propre, Aux

Mouvement, De

Contestation,

Dont Les Fondements,

Réels,

Ne Sont pas La

Revendication,

Raciale,

Mais Le Dépassement,
De Sa
Condition.

Le Parallèle,

Entre Rap,

Et Islam,

Est Mal, Vu,

Mais Constitue,

Un Sujet,

d'Etudes, Universitaires,

Et Sociologique,

Important,

Et Incontournable,

Pour Ceux,

Qui Se Préoccupent,

Des Questions,

Contemporaines.

/ / / Par Parallélisme,
Et Sans Prétention, à

L'Identité,

Le Nombre, *De 5%,*

Peut Être Mis, En

Relief,

à Travers, Les Etudes,

Sur Le Nombre,

De Soufis,

Parmi Les Musulmans,

Malgré, Sa

Valeur,

Contestable,

Et Dans Le Domaine,

De
Culture,

Des Pauvres,
Enseignants, Vertueux (Les 5%ers, NdLA).

Il N'Y Aucune,

Preuve,

Que Cela Démontre,

Quoi Que ce Soit,

Mais Le Chiffre,

5,

Si Important,

En Islam,

En Corrélation,

Avec La Prière,

La Dimension,

De Voyage,

De Voyageurs,

Et De Pèlerin,

Evoquée, Par

La Notion,

De Hajj,

Peut, Signifier,

En Termes,

De Dépassement,

De La
Condition,

Raciale.

///

Ces
Considérations,

Sur Le Rap,

Et L'Arabisme,

Parallèlement,

Au Soufisme,

Se Situent,

Nécessairement,

Au Delà De La

Forme,

Et Des Avis,

Les Plus Evidents,
Pour Lesquels,

Une Telle

Approche,

Ne Peut Être Valable,

Bien qu'Elle

Repose,

Sur L'Expérience,

Concrète,

Des Faits,

Et De La
Quête,

De Salut, En

Société.

/ / /

Le Rap,

Revendique,

Et Enseigne,

La Valeur,

De L'Expression,
Et De La Pratique,

408

Sur La Théorie,

Du Langage,

Sans Prise En

Considération,

De L'Âme.

Le Rap,

Est La Pratique,

Du Verbe,

comme Salut,

Face à L'Injustice,

Sociale,

Dans Un Contexte,

De Prétendu,

Supériorité,

Du Langage,
Sans Prise En

Compte,

De La Réalité Humaine,

De L'Exclusion,

Et Du Racisme.

Le Rap,

Est Un Problème,

Source,
De Problème/s,

Engendrant,

d'Autres Problèmes.

Mais L'Origine,

De Son Art,

Est Autre Chose,

Que Le Mépris,

De La Société.

Elle Repose,

Sur Le Respect,
De La Dignité,

Humaine.

Nous Avons Vu, Le Film *'Slam'*,

à La Fin des Années 90,

Avec Un Camarade,

Parisien,

Dans Un Cinéma,

De Quartier,

De Notre Ville.

Nous Avons Dit,

à Notre Ami, Que *Le Slam,*

Était L'Avenir,

Du Rap,

Ou qu'Il Lui Offrait,

Des Perspectives,

Incommensurables.

Il A Ri, Et Ne Nous
A

Pas Pris, Au Sérieux.

/ / / Bien Que Nous

Aimions, Notre Ami,

Et Sans Mésestime pour Lui,

Nous Nous Sommes

Réjouis,

Du Succès Que Le Slam,

A Eu Depuis,

Sans Pour Autant,

Avoir Vu,

Une Remise En Question

Du Rap,

Sur Le Plan Artistique,

De Manière Majeure,

Et Significative,

Dans L'Esprit des Plus

Concernés.

Nous Pensons, qu'Il Reste

Beaucoup, à Faire,

En Matière, De Poésie,

Puissante, Et Digne,

Sur Le Plan,

Contemporain, Et

Artistique.

/ / /

Les Plus Sincères,

Dans Le Rap,

Sont Sans Doute,

des Exclus Du Rap.

Nous Pensons,

qu'Il faut Mettre, Sa

Rapologie,

Au Service,

De sa Poésie, pour En
Faire,

Un Art De Lettres,

Marginales.

C'Est Une Manière,

De Concrétiser,

Les Propositions,

De Poésie Contemporaine,

Dans L'Optique,

Du Salut,

Et Du *Réel,* comme

Salut,

Pour Les Sans

Salut.

/ / /

De Même, Que Les
Arabes,

Revendiquent,

Un Teint,

Sombre,

Honorent,

Et Exaltent,

La Lune,

De Même,

Les Noirs, Du
Désert,

Portent, Le Turban.

/ / /

C'Est Une Grâce,

Que Nous Avons

Eu,

d'Accéder,

A Une Haute,

Culture,

Musicale,

Et Humaine,

Même Si Elle

Relève,

De La Marge,

Car,

La Connaissance,

N'Est pas Donnée,
à Tout, Le Monde,

comme Rien,

Ne Prouve,

qu'Elle Appartient,

Aux Uns, Plus qu'Aux

Autres.

6/ Invitation
à La Prière/

Notre Second, Ami,

Persan,

Pris L'Habitude, De Venir

Sonner, à

L'Interphone,

De Notre Appartement,

Familial,

Durant, La Fin,

de Notre, Adolescence.

Et Jusqu'Au Début,

De L'Âge Adulte.

Il Eprouvait,

Souvent, Le Besoin,

De Discuter,

Mais Nous Pensons, Aussi,

qu'Il Se Réjouissait,

d'Echanger,

Avec Un Camarade,

Recommandé,

Par Notre Ami, commun,

Notre Premier, Ami

Iranien.

///

Notre Second Ami, Persan,

Venait, Parfois,

Tard, Le Soir,

Vers, 22,

Ou 23 Heures,

Pour Que Nous

Descendions,

10, ou 15 Minutes,

Par Besoin,

De Nous Voir,

Ou De Se Confier,

Mutuellement.

Il Nous A Vu, En

Pleurs,

Suite Aux Conflits,

Terribles,

Que Nous Avons Eu,

Avec Notre Mère,

Et Nous L'Avons

Soulagé, De Sa Peine,

Et De Son,

Désarroi,

Suite à Ses Déboires,

Et à Ses

Disputes, De Famille.

///

Nous Avons Partagé,

De Nombreux,

Moments,

Ensemble.

Des Repas,

Que Nous Bénissions,

d'Une *Basmallah*.

Des Discussions,

Sulfureuses,

Lors Desquelles,

Nous Avions Un Aperçu,

De Sa Vision,

De L'Iranité.

///

Des Echanges,

Autour, Du Soufisme,

De L'Appréhension,

De la Vie, d'Adulte,

De Nos Echecs,

De Nos Amours,

De Nos Craintes,

De Nos Conseils, De

L'Un, *Envers L'Autre.*

///

Un Jour, Que Nous

Etions Seuls,

à La Maison,

Familiale,

Nous L'Avons fait

Monter,

Une Des Rares,

Fois, N'Etant, pas
Coutume,

En Raison, De La

Sévérité,

Justifiée,

De Notre Mère.

///

Nous Lui Avons

Montré, Nos Disques, De
Jazz.

Nos Trésors,

Discographiques,

Nos K7,

Puis, Nous Avons

Entamé, Un

Echange, Spirituel.

Les Cheveux, Bruns,

Ebènes,

Une Raie, Dans Les

Cheveux,

Notre Ami Persan,

Le Second,

Nous Dit Quelques Mots

Sur L'Islam.

Il Nous Dit,

'comment, Pries,

Tu...?'

Nous Lui Répondîmes.

'Je Ne Peux,

Te Montrer, comment,

Je Prie...'

... 'Montre-moi,

Insista, Il,

Montre-moi,

comment Pries,

Tu...?'

Je Veux Savoir'...

Nous Refusions,

En Lui Citant,

Les Evangiles,

Et La Prière, Que L'On

Doit Faire,

Seul,

Dans Sa Chambre.

Il Insista,

Et Nous Lui Montrâmes,

Quelques Instants,

Posant,

Une Etoffe,

De Pagne, Sur Le Sol,

Et Nous Prosternant,

à Genoux.

Il Nous Dit,

'C'Est comme ça Que

Tu Pries...?...'

Nous Lui Dîment,
...'Oui'.

424

'Je Prie, Ainsi

Depuis, Toujours.'

… Qui T'A Appris,

A Prier,

Ainsi,

Nous Demanda,

T-il...?'

Nous Lui Répondîmes,

'Personne...'

'Je Prie, comme

ça, Depuis Que Je

Suis, Petit.

Personne, Ne me L'A

L'A Appris,

J'Ai Toujours,

Prier, Ainsi,

Et Je N'Ai Jamais

Réfléchis,

Pour Le Faire...'

///

Il Est Possible,

Sur ce Sujet,

Que Nous Ayons Eté

Influencés,

Par Nos Voyages,

d'Enfance,

En Afrique, Du Nord,

Ou En *Afrique,*

Sub/Saharienne,

A L'Aurore, Et à

L'Aube,

De Notre Vie.

Mais Nous N'En

Savons Rien.

Nous N'En Avons,

Que Peu, De

Souvenir,

Depuis.

Notre Amitié,

d'Enfance,

Avec Un Camarade,

Magrébin,

Fut Peut Être Scellée,

Par, Une

Fraternité,

Très Grave,
comme Le Prouvèrent,

Sans Doute,

Certains,

Evènements,

De Notre Adolescence.

///

Les Amitiés, De

Jeunesse,

Sont Souvent,

Marquées, Par Des

Sceaux,

Et Ne Révèlent,

Leur Teneur,

Que Bien plus tard,

Pour Le Meilleur,

comme Le Pire.

///

Au Delà, des

Relations,

Et des Epoques,

De La Vie,

L'Appel, Du Temps

Primordial,

De L'Au Delà,

comme De L'Avant,
De

La Lettre,

Prouvent,
L'Intemporalité,

Du Message,

Prophétique,

Et Sa Puissance,

De Salut,

Par, L'Essence,

De La Sincérité.

///

Notre Second, Ami

Persan,

Fut Sincère, Avec Nous,

Il Nous Vit, comme

Musulman,

Et N'Hésita, pas

Un Instant, à Nous Le

Dire.

Il Nous Dit,

'ce Sont Les Musulmans,

Qui Prient, Ainsi,

...

Es Tu Musulman...

Tu m'Intrigues...

Es Tu Musulman...

Pour moi,

Tu Es Musulman...

Est ce Que Je Peux,

T'Apprendre,

à Prier...?

///

Nous Ne Voulûmes,

Répondre,

à cette Invitation,

Mais Notre Ami,

Pris Notre Sincérité,

Pour Acquise...

///

Ce Fut, Le Début,

De Nos Echanges,

Coraniques.

Nous Lui Montrâmes,

Le

Coran,

Que Nous Avions,

à La Maison,

Avec Des Représentations,

Géométriques,

En Préface,

Pour Définir,

Le Cercle, De L'Ignorance,

Et Du Savoir,

Par L'Unicité,

De La Réalité Suprême.

Notre Ami,

Etonné,

Que Nous Eûmes, Le

Livre, à La Maison,

Ne Sut Que Dire,

Puis Nous Prêcha,

Amicalement,

L'Illusion,

De La *Dunyâ,*

L'Illusion,

De Richesses,

Et Du Matérialisme,

Et s'Appuyant,

Sur Les Caractères,

Du Saint Coran,

Et Sur Le Schéma,

Décrit, ci Dessus.

///

Nous Etions En Quête,

De Salut,

à L'Aube, des Années,

2000,

Et De Leur Réputation

Millénariste,

Sulfureuse,

Nous Recherchions,

Un Espoir,

d'Une Vie d'Adulte,

Qui Ait, Du Sens,

Avec Le

Désir,

De Vaincre, la Mort,

Par L'Amour,

Et Le Don.

///

Notre Ami, Sembla,

Être Intrigué,

Par Nous, Et Nos

Origines,

De Mêmes,

Que Nous Etions,

Interpellés,

Par La Possibilité,

De Découvrir,

Une Autre Culture,

Le Culture, Perse,

Par La Sagesse,

Naturelle,

Et L'Education,

Qui Semblait Emaner,

De Nos Camarades.

///

Nous Etions *Des Frères,*

Et Nous Y Crûrent.

Et Nous Y Croyons,

Encore,

Bien Que Nos Chemins,

Se Soient,

Séparés.

///

Cet Appel, à La Prière,

Fut Concrétisé,

Par,

Un Moment, d'Ivresse,

Peu Après Duquel,

Nous Prononçâmes, *La*

Shahada,

Spontanément...

Après Que Nous Ayons

Invité,

Quelques Jours,

Auparavant,

Notre Ami Persan,

Le Second,

A Être Témoin,

De Notre Reconnaissance,

d'Une Réalité,

Unique,

Et Suprême,

Et Non Manifestée.

///

Cet Echange,

De Salutations,

Mutuelles,

Fraternelles,

Bien, Au Delà,

De

La Trivialité,

Dans Une Amitié,

Profonde,

De Compréhension,

Ne Pouvant,

Se Réduire,

à Une Religiosité,

Fut,

Un Serment,

d'Amis En *Dieu,*

De Frères, *En Islam,*

De L'Au Delà De La

Lettre,

Par Un Partage

d'Ivresse,

Qui Nous Conduit,

Aux Confins De L'Iran,

Par *Les Voies,*

Parallèles,

De La Poésie,

Et Des Epreuves,

Fraternelles,

De L'Amour Sincère.

/ / / Sans Que Nous

Ne Soyons,

Devenus Soufis,

Nous Avons Répondu,

à L'Appel,

Soufi,

De Faire De Notre Vie,

Une Prière,

Avant,

A Que cet Engagement,

Nous Conduisit,

Vers Des Jeûnes,

Des Retenues,

Des Prêches, Insolites,

Sur La

Voie, Du Pardon.

///

L'Islam, Est Une

Voie,

De Pardon.

Et c'Est *Sa Connexion,*

Avec Le Prénom,

Jean,

Si Caractéristique,

Du Pardon,

Dans La Solitude,

Du Désert.

La Similitude,

Entre *Jean,*

Khan,

Et Hanif,

Souligne,

Le Sens Du Mot

Frère,

Et De L'Iranité,

mais Aussi

De L'Arabisme.

Très Vite,

Nous Avons Maîtrisé,

Les Bases,

De L'Islam,

Et Accédé,

A Un Savoir Profond,

Pour Avoir Choisi,

Une Voie de Simplicité,

Et d'Humanisme,

Par La Culture.

A Aucun,

Moment,

Nous N'Avons,

Envisager,

La Conversion.

Nous Avons Simplement,

Eté Appelés Frère.

C'Est à Dire,

Reconnus,

comme Musulman,

Par Culture,

Originelle,

d'Avant, La Lettre,

Et De Son Au Delà.

C'Est Dire,

Pour Être Précis,

Introduit,

Au Soufisme.

Le Soufisme,

N'Est pas Autre Chose

Que De Prier,

Avec Intensité,

Et Intentions,

Pures,

C'Est à Dire,
De Faire, De Sa Vie,

442

Une Prière,

Ou De Consacrer, Sa

Vie,

à La Prière, Et

Au Pardon.

///

A Aucun Moment,

Nous N'Avons Eté,

Appelés,

à *La Conversion,*

à *L'Islam,*

Mais Nous Avons

Eté, Reconnus,

Frère,

C'Est à Dire,

Musulman,

Selon Le Pacte,

Originel,

Qui Définit,

Les Soufis,

Et Les Derviches.

Un
Evénement,

Plus tard, Dans Notre

Vie,

Vînt, Confirmer,

Nos Engagements, De

Jeunesse,

Par Une Rencontre,

Enigmatique,

Mais Forte,

Et Puissante,

Par Laquelle,

Nous Avons Eté Béni,

Et Salués,

444

En Arabe,

Selon Les Gestes,

Et Bénédictions,

Du Soufisme,

Mais Aussi Peut Être,

Du Pardon, En

Islam,

Avec Pour,

Lointain, Souvenir,

Que Le Paradis,

Est Aux Pieds, Des Mères.

///

Nous Avons,

Vu,

L'Islam,

comme Une Voie,

De Liberté,

Et De Salut,

Mais Aussi,

De Paix,

Et De Dignité,

Humaine,

Et Nous Avons Eté

Pour Cela,

Reconnu,

Frère/s, En Islam,

Sans Appel,

à *La Conversion.*

Ce Cheminement,

Simplement

Résumé, En Apparences,

Fut, En

fait, Difficile,

Très, Difficile,

Mais,

L'Espoir,

Suscité, Par

L'Iconoclasme,

De Dépasser, Les

Préjugés,

Et Le Mensonge,

De Notre Vie,

Fut, Un Espoir,

Profondément,

Incontournable,

De Retrouver,

Une Culture,

Qui Soit La Notre.

L'Islam, comme

Culture,

Fut Notre Salut,

Et Non La Religion,

Car Bien qu'Eduqués,

Et Très Soucieux,

De La Morale,

Nous Fûmes,

Avertis,

De Ne Point Nous

Croire,

Religieux,

Investis,

Ou Digne,

d'Être Reconnus, *comme*

Tel/s.

Nous Fûmes, Simplement

Pris,

Par Une Amitié,

à Travers *Les Folies,*

Et Tourments,

De Jeunesse...

Et La Franchise,

De La Jeunesse,

Et La Sincérité,

Nous Offrit,

Un Salut,

Et Nous L'Espérons,

à Nos Frères,

Aussi.

///

Que Le Seigneur,

Les Bénisse.

/Quelques Notes/
Sur
Des Sujets/
Importants/

/L'/Au Delà de
La Lettre/

Aimer Ne Suffit,
Pas

à Être Un Ami.

Ni, Un Amant.

Il faut Être

Sincère.

La Voie Du Réel.

Est Un

Enseignement,

En Amour,

à Défaut De Preuves,

De La Divinité.

L'Amour,

Est L'Unicité,

De La Réalité,

Suprême.

Nous Avons Eté
Blessé

,

Par La Dispute,

Avec Notre,

Premier Ami,

Persan,

Mais Nous Avons
Refusé,

De La Voir,

comme Une Trahison,

De *L'Un,*

Ou De Nous Mêmes,

Car, La Trahison,

N'Est pas Toujours,

Facile,
à Définir,

Quand Bien Même,
Elle
Existerait,

Vraiment,

Et Semblerait,

Pouvoir, Être

Démontrée.

///

Le Refus,

De L'Autre,

Prouve, qu'On Est
Pas,

Un Ami, à Lui,

Seul...

Nul Ne Doit,

De Fidélité,

qu'A La Réalité

452

Suprême,

A Laquelle

Toute Trahison,

N'A Aucun, Sens...

L'Âme,

Reconnait,

Son Seigneur,

L'Âme Qui Se Connait,
Elle

Même,

Connait, Son

Seigneur,

Il N'Y A pas

De Distance,

Entre *Le Seigneur,*

Et Son Serviteur,

Sauf, *Par*

Le Voile,
De L'Impossibilité,

De Le Voir...

Qui Est Aussi,

Un Rapprochement.

Le Pacte Primordial,

En Islam,

Et Le Verset,

Du Pacte,

Primordial,

Constituent,

La Proclamation,

De La Fidélité,

Absolue,

Envers Le Réel,

c'Est à Dire, De La Foi,

comme Conformité,

Au Réel,

Et à *La Nature*

Originelle,

Ou Conception

Originelle,

Appelée, *Fitra...*

La Religion

Naturelle,

Est L'Islam,

Tout Être Humain,

Est Musulman,

Au Delà Du Concept,

De Religion

Instituée,

Ou Reconnue...

Le Mode De Vie,

Ou La Culture,

De La Vie,
comme Prière,

Est L'Islam,

cette Culture,

A Pour Limite,

La Bonne Foi,

Et La Pratique,

Pure,

Désintéressée...

///

Nous Avons Invité,

Notre Second,

Camarde,

Persan,

A Nous Reconnaitre

L'Un, L'Autre,

Autour, *d'Un*
Dieu, Unique.

La Proclamation,

d'Un Dieu, Unique,

Et *Celle, De*

L'Iconoclasme,

Nous Parut, Une Réalité

Incontournable.

Nous Avons Immédiatement

Reconnu, *Le*

Prophète, (PBSL)

Et Attesté, Que *Dieu,*

Est, Un.

Nous Ne L'Avons pas

Fait, comme Une

Adhésion à L'Islam,

Ni comme Une

Démarche, De

Condition/s.

Nous L'Avons Fait

Pour Y Avoir Reconnu,

Une Culture,

Qui Était La Notre,

Depuis Toujours,

Mais Que Nous
N'Avions Reconnue,

Auparavant,

Parce Que Le Monde,

Autour De Nous,

Nous Mentait.

Nous N'Avons Pas fait

De Démarche, De
Conversion.

Nous Avons Pris

Conscience, De Notre

Culture, Et Nous
L'Avons Acceptée.

///

C'Est La Raison,

Pour Laquelle,

Nous Avons Eté Appelé,

Frère,

Et Non Pas Eté

Invités,

à Nous
Convertir, à Une

Religion,

Quelconque,

Selon Une Optique,

Au Sein De Laquelle,

La Conversion,

Est Impossible,

Par Respect, Pour

L'Âme,

Qui Croit, *Naturellement,*

En L'Unicité.

Nous Avons Souvent

Eté, Interpellés,

Au Sujet, de La

Religion,

Musulmane,

Bien Avant D'En Faire,

Une Pratique,

Manifeste,

Afin De Savoir, Si

Nous Etions, Musulmans.

On Nous Questionna,

Avec Insistance,

Avec La Conviction,

Que Nous L'Etions,

Alors *Que Nous Pensions,*

Que Nous Ne L'Etions,

Pas.

On Nous Demanda,

Même,

Avec Insistance,

Également,

Si Nous N'Etions,

Pas Arabe/s,

Contre *Toute Vraisemblance,*

Et Pourtant,

Avec La Persuasion,

Que Nous L'Etions…

///

… Très Souvent…!

///

Ce Furent, Des

Indices, Sur Notre

Chemin,

Pour Nous Retrouver,

Nous Mêmes,

Et Croire, En Notre

Dignité,

Dans Un Monde,

Où L'On Nous Mentait.

Nous Avons Cessé,

De Croire,

En Nos Origines,

Supposées,

Pour cette

Raison.

Et Nous Ne Revendiquons,

Plus Aucune

Forme/s, d'Origine/s.

L'Islam, Est

Notre,

Inclinaison,

Naturelle.

Nous N'Avons Jamais

Eu, à Nous

Forcer,

Pour Lui.

Nulle Contrainte,

En Religion.

Il N'Y A De
Connaissance,

Sans Reconnaissance,

De Ses Torts.

Il N'Y

A

De Connaissance,

Sans Amour,

Ni Pardon.
///

Les Noirs, *Ont Une
Culture,*

Arabe,

d'Arabisme,

d'Arabité/s,

Que ce Soit,

à Travers,

Le Sahel,

Ou,

Plus Loin, Encore.

L'Arabisme,

Fait,

Partie de L'Afrique,

Est,
Inversement.

En, *Afrique,*

L'Aïd,

464

Ou *Fête Du Mouton,*

Ou, Tabaski,

Est, Parfois, Une

Fête,

Nationale,

Pour Les Musulmans,

Et Les Non
Musulmans.

///

Certains *Africains,*

connaissent,

Quelques Mots,

d'Arabe, Sans Être

Musulmans,

Ni Les Avoir Appris.

Car, C'Est La

Culture,

Africaine,
De Reconnaitre,

L'Autre,

Par, Culture,

Par,

Héritage.

Parce Que Cela fait,

Partie,

De Leur Culture.

La, Culture,

à La Maure,

à La Mauresque,

Existe, En *Afrique,*

Fait,

Partie,

De *L'Afrique,*

comme, Evidence,

Depuis La Nuit, des
Temps.

La Culture,

Negro Africaine,

Est Une Certaine
Forme,

d'Arabisme/s,

Même Radicalement,

Incomprise.

Nous Sommes, Un

Dépositaire,

De cette

Culture.

Même, Insolite,

Même, Contesté...

Mais Pourtant,

d'Une Manière, Très

Compréhensible.

Nous
N'Avons Jamais

Eu De Mal,

à Comprendre,

Cette Culture,

Parce que C'Est La

Nôtre,

De La Plus Evidente,

Des Manières.

Cela, Peut Paraitre,

Peu Vraisemblable,

Mais ce N'Est pas

ce Qui Nous,

Préoccupe.

Ce Qui Nous Préoccupe,

c'Est ce Que

Beaucoup,

Sont Prêts à faire,

Au Nom,

De L'Ignorance.
Il N'Y A pas Plus De

Blanc,

Que De Noir,

Surtout Quand

On, Sait,

qu'Il N'Y A pas Plus

Blanc,

Que Noir, Et Pas

Plus Noir,

Que Blanc.

c'Est Dit.

La Réalité Raciale,

Est L'Iconoclasme,

Absolu.

L'Islam, Ne
Consiste,

Pas à Être Arabe,

Mais Il N'Y a de
Pratique,

Islamique,

Sans Arabisation,

Ou, Prise

De Conscience,

De Son Arabisme.

La Lecture, Du Coran,

Est Toujours,

Un Appel.

Répondre, à cet Appel,

Ne Se Fait, Pas

Par Hasard.

7/ Fraternité De Rue/

La Souffrance,

Sur Terre,

Pose La Question
De

Savoir,

Si L'On A Déjà

Vu, Un Enfant

Seul...

Tout Homme Qui
Se Pose,

Des Questions,

face à Un Enfant

Solitaire,

Doit s'Interroger

Sur Sa Propre

Condition,

d'Homme, Face Au

Destin,

à L'Abandon,

Et à La Mort.

///

Nul, Ne Peut s'En Sortir,

Sans Avoir, De
Conviction...

Il N'Y a De Vie, Sans
Espoir,

Et L'Espoir, fait Vivre.

La Fraternité,

De Rue,

Est De Guider,
Celui Qui s'Est Egaré,

Et De Reconnaitre,
comme Soi Même,

Celui Qui s'Est Perdu,

Pour Avoir Vu,

ce qu'Il Ne faut,
Pas Voir.

L'Appartenance,

De Nos Amis, A Des Ecoles
De Combat,

Leur, Fréquentation,

De Quartiers,
Difficiles,

Nous Mîs, Tôt, Ou tard,

Pour Les Uns,

comme Pour Les Autres,
face à L'Impossibilité,

d'Être Un Homme,
Ou De Le
Devenir...

///

Sur La Voie,
Des Impossibles,
comme Paradoxes,

L'Humanité,

Est De Croire,

En La Poésie,

d'Être Humain,

Là Où L'On ne L'Est
Pas, *d'Habitude,*

*Avec Le Plus Grand
Des Paris,*

De Croire,

Que *Cela Puisse Être
Admis.*

Y Croire, c'Est
Croire, En L'Humanité.

L'Humanité,
Se Pose, comme *Question*
Quand On Se sait,
Seul...

Face, à L'Impasse...

Il N'Est pas
Certain qu'On Puisse Se
faire,
des Amis, En Banlieue.

Mais *Quoiqu'Il Arrive,*

L'Amour Du Prochain,

Est Toujours,
Salutaire...

///

L'Education, Est Un Trésor

Quand On s'Est, Perdu.

La Douleur,

d'Être Seul,

Face à Un Monde, Adulte

Qui Se Tait,

Interroge,

Sur L'Improbable,

d'Un Âge Adulte,

comme Promesse,

à Celui Qui s'Est Cru,

Courageux...

Nous Avons Dû Quitter,

Le Domicile,

475

Familial,

Pour Un Temps, à

L'Âge, De 16 Ans.

Ce Fut, *Pour Nous,*

Le Début, d'Une Quête,

Et d'Un Combat,

Contre Soi Même...

Avec Pour Objectif,

La Victoire de L'Humanité,

Sur La Mauvaise Foi, Sociale,

Y Compris,

Dans L'Insolite,

Et La Mise à Part, De

L'Exclu...

/ / /

/A Propos d'Un Accident De Parcours, Prévisible.../

On Dit En Général,

Que L'On Sent,

La Mort, Venir...

///

Tout comme La Vérité,

Demeure, à Travers,

Les Temps,

En Dépit, De Ses Milles Et Uns Visages,

Celui, Qui Fait
Preuve, De Sincérité,

Ne Peut pas Mourir.

///

La Question, De La
Mort,

Est Donc, Due, à La

Mauvaise Foi,

Qui Explique, La Mort,

Brutale,

Et La Question Sentimentale

Face Aux Intrigues,

Condamne, L'Innocence,

à Succomber,

Aux Désirs, De La
Violence,

Sous Les Coups,

De L'Amitié, Qui Se
Prétend, Trahie,

Sans Pouvoir

Démontrer, qu'Elle A
Un Jour, Déjà

Existé...

///

Notre Entrée, Dans

L'Âge Adulte,

Se Fit, Sous Le

Signe, De La Mort.

Nous Eûmes, La
Conviction,

De Mourir, à Un Jeune,

Âge...

*Ce Ne Fut, A Priori,
Notre, Cas,*

Mais Nous Perdîmes,
Plusieurs,
Personnes Chères,

Dont Notre Mère,

A L'Âge De 20 Ans.

Notre Ami, d'Enfance,

à L'Âge,

De 16.

Notre Cousin,

De 11 Ans, Notre Cadet,

à L'Âge de 32,

Alors Que La Vie,

Lui Promettait,

Un Avenir,

Alors, qu'A Nous, *Non...*

Il Y Eut, Une Centaine,

De Jeunes,

Des Quartiers,

à Son Enterrement,

Tous Vêtus, De La Même

Manière,

Pour Lui, rendre,

Hommage,

Et Reconnaitre,

La Relation,

Fraternelle,

qu'Il Avait Avec Eux.

En 10, à 15 Ans,

Il Y Eut, De Nombreux,

Décès, dans Notre

Famille...

Et Si, Nous Avons Parfois
Pleuré,

Tout En Etant, Seul...

Il Nous Est Arrivé,

De Percevoir,

qu'Avec Ceux, Qui
Sont,
Partis,

Une Partie, De Nous
Mêmes,

Fut Partie, Aussi...

Nous Avons Pris,

De Nombreux, Risques,

Jusqu'à L'Âge

De 30 Ans...

Et Nous Avons Vu La
Mort,

De Nombreuses Fois...

Mais Certains Risques,

Que Nous Avons

Pris,

Par Soucis,

*d'Humanité, Et De
Décence,*

Nous Ont Mené,

à Finir, Sur La Civière,

Recouvert

De Sang, Et Donné,

Pour Mort...

Nous Avons Eté Hospitalisé,

Et Les Médecins,

Nous Ont Vu comme
Un Cas...

Un Infirmier,

Que Nous Avons Vu, *plus*

Tard,

Nous A Demandé,

*'Mais Que Vous Est Il
Donc*

Arrivé, Pour Finir, Ainsi...?'

'On A Eu, Peut Pour Vous !...'

Le Danger, De ce Monde,

Est Réel,

Et Le Salut, N'Est pas

Une Vaine, Question...

/ / /

Les Nombreux Chocs,

Et Les Nombreuses
Epreuves,

Que Nous Avons Du,
Affrontés,

Nous Ont Contraint,

A Apprendre, à Vivre,

Et à Estimer,

De Vivre,

Malgré Les Humeurs,

Et Les Contrariétés...

Nous N'Etions Pas Très
Religieux,

Au Départ,

Bien Que Nous Ayons Prié,
Très Jeune.

Mais Nous Avons Pris
Parti, Pour Une
Forme, De Pratique
Vitale,

*Pour Faire face à
L'Adversité,*

Et à La Mauvaise Foi,

*d'Une Vie, Où La Notion
De Sens,
N'Est pas Une Garantie...*

/ / /

8/ Témoignage De Vérité/

De Retour d'Un Examen
Blanc,

Nous Avons Eté,
Témoin,

d'Une Scène Tragique,

d'Une Gravité,
Immonde,

Par Le Biais,

d'Une Photo,
Que Nous Avons
Trouvée,

Sur Un Parking.

Cette Scène,
Par cette Photographie,

Remit
Profondément En
Question,

La Vision,

Que Nous Eûmes De Nous
Mêmes,

Sur Le Plan,
Psychologique,

Sentimental,

Humain,

Et Pragmatique,

Au Point Que Nous
Prîmes,

Plus Tard,

Des Décisions,

Graves,

Et Définitives.

Nous Parlâmes,

Ou Dûmes Parler,

De ce *Témoignage
Contraint,*

A Un Adulte,

Qui Nous Accompagna,

Suite à Un
Signalement,

De Mineur,
En Danger,
Qui Fut fait Sur
Notre,
Personne.

Devant Notre Inquiétude,

Et Notre Désarroi,

Et Bien Que Nous
Voulûmes,

Taire,

ce Qui Nous Semblât,

Trop Grave
Pour Être Dit,

Il Nous Fallu En
Parler,

Par Mesure,

d'Honnêteté,

Mais Aussi par
Crainte,

qu'Il N'Arrive,

Un Autre Mal.

Notre Accompagnateur,

Nous Ecoutât,

Et Revînt Parfois,

Sur ce fait,

Lors de Séances,

Nos Echanges,

Furent,

Brefs,

Bien qu'Empreints, De
Tensions...

Et Nous Vîmes
Paraitre,

Au Fur Et à Mesure,

Face à face,

Avec Nous Mêmes,

Le Danger,

Du Tabou,

Face à L'Hypocrisie,

Sociale,

De La Science

Infuse,

En Amour...

///

Notre Suivi
Pris Fin,

Et Avec Lui Notre Enfance,

Lorsque Nous Décidâmes,

De Contacter,
Un Amour De Jeunesse,

Et De Mettre,
Mots Sur Nos
Sentiments,

Pour Sortir,

De Notre Timidité...

Ce Fut, Une Epreuve,
Pour Nous.

Nous Obtînmes,
Son Contact,

Par Le Biais,

De L'Ami Persan,

Qui Fut,

Le Premier,

Des Deux,
Que Nous Connurent,

Dans Notre
Parcours, Semé
d'Embûches,

Et d'Epreuves,

d'Innocence...

Nous Lui Envoyâmes
d'Abord,

Une Lettre,

à Notre Amie *De
Jeune Âge,*

Dans Le But De
Reprendre,
Contact,

Puis, *De Lui Parler...*

///

Nous L'Eûmes,
Enfin
Au Téléphone,

Et Lui Avouâmes,
Nos Sentiments,
Tus,

Jusque Là...

Notre Objectif,
Ne
Fut pas,

De Débuter, Une
Relation,

Mais De Mettre,
Fin,

à Une Autre,

Qui Fut,
Implicite...

Sous Des Dehors,
d'Amitié/s,

Et De Tension
Amoureuse...

Il N'Y Eut pas
Vraiment,

De Réponse,

Bien qu'Il Y Eut

Une Ecoute,
Et Des Commentaires.

La Réaction,
Plutôt,

Compréhensive,
Et Attendue,

Fut
Prompte à Interloquer,

De Manière,
Prévisible...

On Ne Parle pas
De Ses
Sentiments Impunément.

D'Où La Question
Nécessaire.../:

L'Amour s'Apprend
Il...

?

Nous Avons Aimé,

Longtemps

Dans Notre Vie.

Notre Vie,

Fut En fait Marquée,
Par

L'Amour...

Jusqu'à L'Âge
Adulte,

Jusqu'à Aujourd'hui,

à Plus, *De Quarante Ans,*

Mais Nous
Avons Eu Du Mal, à Y

Croire,

Car Il Est

Grave,

du Point De Vue,

d'Une Société,

Muette,

d'Attribuer,

Une Vie Amoureuse,

à Un Jeune Homme,

qu'On Croit Innocent /

///

Nous Eûmes Du Mal,
à
Y Croire,

Mais Nous Avions,

Aimé.

Nous En Prîmes
Conscience,

Malgré Notre
Exclusion,

Par La Reconnaissance,

De Notre Exclusion,

De L'Amour,

Le Plus Manifeste,

comme Révélatrice,

De Notre Humanité,

Et De Notre

Estime,

Sincère...

La Fleur De
Sincérité,

Fleurit,

à La Marge...

///

*Les Axiomes Sont
Démaqués,*

Car L'Amour,

Est Loin
d'Être Evident,

Quand On Prône,

Mensonge
Ou Mauvaise Foi...

Notre Mensonge,

à Nous,

ce Fut, Le Mensonge
De L'Ingénu,

Celui De Croire,

qu'On Sait,
Aimer,

Pour La Seule Raison,

d'Avoir Eu
Des Sentiments...

L'Amour,

Est Une Culture,

Un Travail, Sur
Soi,

Dans Une Approche
De L'Autre,

Considéré, comme
Semblable,

Mais Aussi comme
Soi,
Même,

Dans Une Optique
De
Salut,
Pour Tous...

496

///

C'Est L'Amour,
Du
Prochain,

Qui Est Réel,

Jamais L'Intérêt,

En Amour,

Qui Biaise,

Toujours Les
Relations,

Et Empêche
L'Honnêteté,
Du Cœur,

comme L'Elévation
De
L'Âme...

///

Cet Episode,

d'Aveux, En Amour,

d'Epreuves,

Sentimentales,

De Mots, Sur
Les
Sentiments,

Fut Le Début
De Notre
Cheminement,

Sur La Voie
De L'Amour,

Avec Un Grand

A,

Non Par Facilité,

Ni Par
Evidence,

Mais Par
Décence,

De ce qu'Il ne faut,

Pas faire,

Envers
L'Humanité...

///

Renoncer,

Au Mal,

Bien qu'On Ne Puisse
Se
Défendre,

c'Est Croire,

En L'Humanisme,

comme Combat,

Face à L'Imposture,

De Juger,

Une Innocence,

Par Le Critère,

Du Mal,

Face à La Bonne
Foi.

La Mauvaise Foi,

Est à L'Origine,

Du Martyr,

Et Elle Choisit,

Toujours Les

Mêmes, comme
Coupables...

Ceux Dont Elle

Pensent,

qu'Ils Ne Pourront
Rien

Faire,

Ni Rien Dire,

Pour Dire,

ce qu'Ils Ont Vécu,

Ressenti,

Dans Leur
Humanité,

Torturée...

///

La Question

Sentimentale,

N'Est pas Une

Question

Simple,
c'Est Une Question

Grave,

Sur Laquelle

La Société,

Ne Dit Rien,

Presque Rien,

Face à L'Impossible,

Prise En

Compte,

Des Réactions
Humaines,

Les Plus Impulsives...

Il Nous A Semblé,

Evident,

Que De Se Moquer,

d'Un Jeune Homme,

Pour Des raisons

Hypocrites,

Sans Prendre,
En Compte L'Enjeu
Du Sexe,

comme Majeur,

En Termes,
De
Culture,

d'Education,

d'Interaction,

Sociale,

Y Compris,

De Promotion / s,

De Complexes,

De Vis à Vis,

Ethniques,

De Conflits,

Sociaux,

Générationnels,

En Rivalités,

Parentales,

Face à La Question

De La Mort,

Était Une Imposture

Humaine,

Sur Laquelle Tout
Le
Monde
Devrait s'Interroger,

Et Sur Laquelle,

Toute Culture,

Ou Civilisation,

Aura Tôt Ou

Tard,

Un Compte,

A Rendre,

Si Elle N'A pas fait

Preuve,
d'Avertissement/s...

Pousser à Bout,

L'Innocence

d'Autrui,

Contre Ses Limites,

Est Toujours
Le Début,

De L'Egarement,

De La Tragédie...

///

La Méchanceté,

Est Un Pousse Au

Crime,

Et le Pardon,

Vaut mieux, que La
Vengeance...

///

Il faut,

Croire, En
L'Humanisme,

Bien Plutôt,

Que De s'En Moquer...

///

Nous Fûmes,

*Un Garçon
Anecdotique,*

Mais Nous N'Avons
Honte De Rien.

Nous Eûmes,
Honte,

Longtemps,

Dans Notre Vie.

Nous *Cessâmes*

d'Avoir Honte,

Et ce Fut, Notre
Réussite,

En Termes,
d'Humanité/s...

///

Le Réel, ne Se
Démontre Jamais,

Il Se Reconnait
Par Honnêteté...
/ / /

Sans Conscience,
De Soi,

Il N'Y A pas
De Réel,

Et La
Conscience,

De Soi,

Est La Sagesse,

Par L'Amour Du Prochain,
comme Soi Même,

Et le Droit Au Salut,
Pour Tous...

///

Un Semblable,
Est Toujours Différent...

La Ressemblance,
Est Parfois Un Leurre...

/ / /

Le Salut,

Ne Vaut, Que s'Il
Est
Insolite...

///

Face à L'Impasse

Fleurie,

De La Mort,

Aimer, c'Est
Donner,

Sans Retour...

///

La Fin, De Nos
Amours,

De Jeunesse,

Qui Ne Furent,
Au Nombre d'Un
Seulement,

Mais De Plusieurs,

Dans Leurs Limites,

Et Dont,
Un

Sembla,

Plus Important

Que *Les Autres,*

Sonna Le Glas,

De Notre Enfance,

Et Nous Offra, La
Perspective,

d'Une Vie Difficile

Et d'Un fardeau, *Lourd.*

Nous Ne Pûmes,

En Parler,

Et Nous Comprîmes,

Que Le Silence,

En Amour,

Est la Garantie,

d'Avoir La Vie,

Sauve,

Et De Sauver,

La Vie De L'Être

Aimé,

face à L'Interdit.

///

Nous Avons fait Le Bilan,

De Notre Personnalité,

Des Reproches,

Qui Nous Furent Faits,

Dans L'Enfance,

Et L'Adolescence,

De Conflits,

Que Nous Avons
Eu

Sur Le Plan,

Familiale,

De La Difficulté,

Que Nous Avons
Eu à
Nous Affranchir,

De Notre Timidité...

Maladive,

Excessive,

Face à Un Monde,

Qui Nous Demandait,

Tout...

... *On Nous Disait,*

Intelligent,

Pourtant,

Nous Passions

Pour Un Idiot,

On Nous Accordait

d'Être Bon
Elève,

Mais Nous ramions,

Pour Avoir
Une Note, Décente...

*On Nous Croyait
Bon
Camarade,*

*Mais On Abusait
De
Notre Gentillesse...*

/ / /

La Dichotomie,

Du Jugement,
De Notre Personnalité
*comme
Médiocre,*

En Deçà Du Voile
De L'Eloge,

Et Des Bons,
Sentiments,

Fut L'Occasion,

De Tout Apprendre,

Et reprendre,

à Zéro,

En Termes

d'Auto/Education,

De Formation,

Et De
Discipline De Vie,

Pour Accomplir,

L'Impensable,

mais Accessible.

L'Accessible,

Si Impensable,

Est De Rester,

Humain,

Quand Tous Nous
Croit

Fous,

Perdus,

Egarés,

Destinés à la

Perdition...

Aux Actes Les
Pires,

Pour Ne Pas Être

comme Tous le Monde.

'...Tout Le Monde'

N'Existe pas...

Il Y A Une Valeur,

Dans L'Être

Humain,

Le Cas Unique De

Chacun,

fait La Diversité,

Et La Beauté,

Du Monde,

sans commune,

Mesure.

La Norme Sans

Amour,

Est Une Impasse,

Et Le Début,

De La Mauvaise

Foi,

Qui Est Sans Doute,

Aucun,

L'Origine Du Martyr.

Nous Nous Sentions

En Danger,

Mais Nous ne Purent,

En Parler,

à Personne.

Notre Solitude,

s'Imposait,

Et Nous Décidâmes,

Pourtant,

De Mettre Fin
à Nos
Relations.

Nous Profitâmes,

De la Venue,

De Notre Ami Iranien,

à La Maison,

Alors Que Nous Etions

Seuls,

En L'Absence,

De Notre Mère.

Ses Propos, Nous

Parurent

Etranges,

Et à L'Evocation,

De Trivialités,

Sexuelles,

Nous Lui Répondîmes,

Par Des Maximes

De Sagesse,

Extraites,

De Paroles De Rap.

Celles Ci,

Etaient,

En Anglais,

Et Nous les Citâmes,

En Anglais dans Le Texte.

Notre Ami Paru,

Interloqué,

Et Une Discussion,

s'Engagea...

Notre Objectif Fut
De Parler Avec
Sincérité,

De Notre Eveil,

Et Prise,

De Conscience,

Face à L'Impératif,

De Donner,
Un Sens à Notre Vie,

Avant De Mourir.

///

Nous Sortîmes,

à L'Extérieur,

Et Entamâmes,

Une Longue Marche,

comme Nous Sûmes,

517

En faire Souvent,

à Travers

Notre Ville.

Et Nous Evoquâmes,

Avec

Lui,

Le Bilan,

De Notre Majorité,

De Notre Jeunesse,

De Nos 18 Ans,

De Nos 19 Ans,

A L'Orée,

d'Une Deuxième Année
De Fac,

Et d'Un Voyage

Linguistique,

à L'Etranger.

L'Impact,

De Notre Révélation

Sentimentale,

Nous Intima,

à Mettre Fin à

L'Hypocrisie,

De ce qui Nous
Sembla,

Un Vernis,

Social,

Dans Un Contexte,

Grave
Vu comme
Insignifiant.

Nos relations,

Avec Notre Mère,
Etaient
Difficiles...

///

Nous Avions

Pleuré,

Enfant, Et Jeune,
Homme,

Vu,

Des Scènes De
Violence,

à Un Jeune

Âge,

Et Vécu,

Dans L'Ignorance,

Sentimentale,

Et Affective...

... Après Nous Être
Retrouvés,

à La Rue,

à L'Âge De 16 Ans,

Puis, Pris En
Charge,
Par Des Educateurs,

Spécialisés,

Confrontés,

à Des Responsables,

De L'Enfance,

Par Crainte,

Que Nous Ne Finissions

Mal,

Nous Avons Constaté,

Le Maelström,

Des Intrigues,

Amoureuses,

Du Passage,

à L'Âge Adulte,

Nous Nous Sommes,

Vu, *Fait,*

face *Aux Non Dits,*

Et à L'Injonction,

De faire,

Le Mal,

Pour Survivre...

///

Nous Avons
Témoigner à Notre
Ami,

Que Nous Pensions
Que
L'On Ne Nous
Connaissait
Pas,

Pour Nous Avoir
Enfermés,

Dans Des Jugements,

Et Des Préjugés,

Trop Tragiques,

Et Définitifs,

Pour Que Quiconque

Puisse S'En
Sortir...

Que Nous Avions,

Décidé,

De Mettre,

Fin à L'Hypocrisie,

Non comme
Héros,

mais Avec De Petits
Moyens,

Et le Moral

à L'Epreuve,

Avec La Croyance
Que L'Honnêteté,

Vaut, mieux,

Que Le Mal.

Un Prof, De Lettres,

Nous Dit Un Jour,

En

Commentaire,

Sur Une De Nos
Copies,

A Côté d'Un
Ecrit
Jugeant, Un Personnage
comme Etant

d'Une

Honnêteté,

Excessive,

Que *L'Honnêteté,*

N'Est Jamais

Excessive,

car Elle Est

Une Vertu.

Nous L'Avons
compris,

Et Nous L'Avons
Mis En Pratique.

La Mort,

Nous Fît *Comprendre,*

Que Nous N'Etions
Pas *Dieu.*

Le Seuil,

De cette Société,

Est cette Mort,

Le Passage,

à L'Âge Adulte,

Met Fin,

à L'Enfance,

Si L'Enfance,

Et Le Printemps,

Des Jeunes,

Gens,

Sont Un Paradoxe,

Face Au Chantage,

De L'Âge Adulte.

Le Chantage,

Sentimental,

Est Le Pire,

Au Monde.

Nous En Sommes Là,

face à La Violence,

Et Au Crime.

Nous Dîmes,

à Notre Ami,

Après 5 à 6

Heures,

De Discussion,

Que La Société,

Était faite, De

Non Dits,

Que Le Tabou,

Était *d'Une*

Importance, Majeure,

Là

Où Les Enjeux,

Etaient Difficiles

à Décrypter.

Que Le Monde,

Ne Pouvait
Se Réduire, à des

Préjugés,

Sans Aboutir,

à Un Non Sens...

Que La Connaissance,

De Soi,

Était Impérative,

Et Que

L'Apparence,

Du Savoir,

Était Une Ignorance.

Nous Savions,

Que L'Attitude,

De Notre Ami,

Sans Jugement

Excessif,

De Notre Part,

Était *Duale,*

Non Par Trahison,

Mais Par

Impossibilité,

De Se Comprendre...

///

Nous L'Avons Averti,

Que Nous Souhaitions

Plus *Le* Voir,

Et Que Nous Mettrions

Fin,

à Toutes Nos

Amitiés...

Face à La Perplexité,

Apparaissant,

Sur Son Visage,

Nous Vîmes,

qu'Il Nous Laisserait

Pas faire...

Ce Fut Très Grave,

Car Nous
Comprîmes,

Que Nous Devrions
Nous battre,

Pour Parvenir,

à Notre Fin,

Pour Son Bien,

Et Pour Le Notre...

///

Il Fallut,

Plus De Trois Ans,

Le Décès,

De Notre Mère,

La Rencontre,

De Notre Père,

Sur Son Tombeau,

L'Echec,

Scolaire,

La Solitude,

La Précarité,

Pour Que Nous

Nous Séparions,

Lors d'Une Dispute

Brutale,

Après qu'Il Ait

Refusé,

De Nous Entendre,

530

Pendant,

Trois Ans...

Bien Sûr Ce Fut,

Anormal,

Et Le fait,

que Nous N'Ayons
Pu,

En Parler,

Le Fut, à

Notre Sens,

Encore Plus...

///

Nul N'Est *Dieu,*

Pour Les

Autres,

Nous N'Etions *Dieu,*

Pour Notre Ami,

Et Nous L'Avions
Compris,

Lui, Non...

Et Son Athéisme,

qu'Il Fut Vrai

Ou Faux,

Fut De Nous Croire

Insincères...

Bien Sûr,

Que Nous Avions

Nos Torts,

Dans

La Vie En Générale,

Et face à La Rupture,

Mais Nous

N'Avions Rien

à Cacher,

Sinon Que

L'Innocence,

Se Paie Au Prix Fort...

///

Notre Ami,

N'Avait pas fait
Le Deuil

De L'Enfance,

Pourtant

Il Avait Une Vie

Sexuel,

Et Eu Une
Copine,

Sa Vie,

Sociale,

Était plus Epanouie,

Que La Notre,

Il Était d'Allure,

Plus Extravertie,

Que Nous...

Mais Il Ne Nous
Admis,

Pas,

Que Nous
Avions
Reconnus,

Nos Limites.

C'Est Une Erreur,

De Vouloir,

Percevoir *Dieu,*

à Travers,

Les Concepts,

Quand Il Est,

comme Une Réalité

Ultime,
Qui s'Echappe,

En Elle Même,

Quand Elle Croit

Avoir Eté,

Perçue...

Dieu, Est Toujours,

Quelqu'Un

Pour Nous...

Mais c'Est Une

Erreur,

De Croire,

Que cette Divinité,

Est Réelle.

Elle Ne Vaut,

Que par L'Attachement,

Qui en

Découle,

Et, La Séparation,

Y Met Fin.

///

Cette prise De
Conscience,

Sentimentale,

Evoquée, Plus Haut,

Suite à Une

Prise De
Contact,

Avec Un Amour,

De Jeunesse,

A Mis En Relief,

L'Orgueil

Masculin,

La Trivialité,

Des Relations
En Société,

L'Hypocrisie,
En ce Qui Concerne,

Le Sexe,

Et Ses Enjeux,
Mortels,

Sur Le Plan,

De La Vie Humaine...

Ce Fut comme
Une Mort,

Pour Nous,

Dont Les Relations,

Avec *Les Femmes,*

Semblèrent,
Définies,

Par Une Famille
Dominée,

Par *La Féminité,*

Et Une Venue Au
Monde,

Difficile,

Qui Fit Craindre
Aux Médecins,

Que Nous Ne
Survivrions Pas...

Notre Rapport,

Au Sexe, Féminin,

ce Fut, *La Mort*...

Et Nous Fûmes Vaincus,

Le Jour *Où Nous*

Avouâmes,

Avoir Aimé...

/ / /

L'Amour Est Tragique,

Et c'Est
Un Tabou Majeur...

qui En Implique
d'Autres,

Et Dont On ne peut
Parler...

///

Le Seuil, De La
Société

Est La Violence,

Et cette Violence,

Est Une Mort,

Pour *Dieu,*

Ou Pour Le Préjugé,

qu'On A De Lui,

*ce Qui Est Plus
Précis...*

/ / /

Celui Qui L'A Vu,

Ne Peut

faire,
Confiance,

à Personne,

Quand Il Est

Seul...

Et ce N'Est que La
Conformité,

Avec Sa propre,
Croyance,

Qui Lui Sauvera,

La Vie.

///

La Foi,

Est La Conformité,

Au Réel.

Le Réel,

Est Le Perception

Ultime,

Sans Concepts.

Seule,

La Poésie,

En Témoigne.

///

Pour Revenir,

A Cet Echange,

Qui Fut Le Tumulte,

d'Une Amitié,

En Question,

Il Nous Incita,

Aussi,

à Prévenir,

Notre Second Ami,

Persan,

Ou Iranien,

Qui Lui,

Par Estime,

Malgré,

L'Imprévu De Notre

Démarche,

Nous Proposa,

Un Echange,

Et *Non Un Duel Frontal,*

De Silence,

En Nous Invitant,

De Devenir,

Musulman,

Après Un

Témoignage,

d'Unicité,

De Notre Part,

Non Sur Le Plan,

Religieux,

Mais Sur Le Plan,

Humain.

Il Nous Dit,

'Tu Es Musulman,

Pour *Moi,*

Tu Es mon Frère...

///

'Tu Es mon Frère,

Pour,

Moi,

Tu Es Musulman'.

La Shahada,

Ou Attestation De

Foi,

Musulmane,

Nous La Fîmes,

Après Un Instant

d'Ivresse,

Fraternelle,

Et Partagée,

Avec Notre Ami Persan,

Notre Second, Ami,

Dont Nous Fîmes La

Connaissance,

Lors de L'Adolescence,

543

Par Le Biais

Du Premier...

Ce Fut Insolite,

Mais ce Fut Un Salut,

Dont Nous Eûmes,

Des Signes,

De Confirmation,

Que Bien Des Années

Plus Tard.

Il Ne Sert à Rien,

De Courir,

Après *Dieu,*

Lorsqu'On Ne Croit

à La Sincérité,

*Et qu'On A Nullement
Vu,*

Ses Propres Limites,

Ni Les Limites,

Du Réel,

Ou *De L'Intelligence...*

///

La Vérité,

N'Est pas facile,

A Accepter,

Pour Tout Le Monde,

Celui Qui L'a
Compris,

Y Accède,

Parce qu'Il Est

Au Seuil,

De La Mort...

Et Qu'Il N'A Plus

Rien à Perdre,

Pour Avoir Vu,

Qui Il Est,

dans ce Monde...

Quelqu'Un Qui

N'Est Pas

Meilleur

qu'Un Autre...

Quelqu'Un Qui N'Est
Pas

Dieu,

Ni Pour Lui,

Ni Pour

Quiconque...

///

La Bonne Foi,

Est Nécessaire,

En Amitié,

Et Quand Elle N'Est

Plus, Là,

Il Vaut mieux

Séparer,

Les Chemins...

Sinon, c'Est Le Drame.

Notre Second Ami,

Persan,

Su Reconnaitre,

Notre Bonne Foi,

Là Où Notre Premier,

Ami,

Ne Reconnu Ni La

Notre,

Ni La Sienne...

Dire, à Autrui

qu'Il Est

Dieu,

Est Toujours,

Une Condamnation

à Mort,

Le Réel,

De L'Humanité,

Est L'Amour Du

Prochain,

Sans Divin...

Dieu N'Est Malheureusement

qu'Un Prétexte,

Pour Cacher,

La Bonne Et La

Mauvaise Foi,

La Mauvaise,

Et La Bonne

Conscience,

De Se Croire

Libre,

Sans Avoir Reconnu,

Ses Limites...

La Justice,

En Amour,

Est De Reconnaitre,

Ses Torts.

Les Nôtres Furent,

De Croire,

Que Nous Savions,

Aimer,

Alors que cela,

Nous Était,

Impossible,

Alors Que Cela,

Nous Était Interdit,

Et ce Furent,
Nos

Premiers,

Pas,

vers La Poésie

Bacchique,

d'Inspiration,

Orientale,

Arabe, Perse,

Ou Iranienne../.

///

Si Nous,

Avions fait

Le Mal,

Par Certitude,

Dans Notre Vie,

Et par Choix,

On Nous Aurait,

Jugé,

Coupable,

Mais Nous ne L'Avons

Pas fait,

Pas Sur Un Point

Précis,

Et On Nous A

Jugé,

Coupable,

Pour Avoir
Compris...

... Ne Pas Chercher,

à Savoir,

Qui Est *Dieu,*

Peut Sauver Une Âme.

De Deux Frères,

Nul N'Est Meilleur,

qu'Un Autre,

Chacun, Suit,

Son Chemin...

551

Avec La Providence,

Pour Tous.

La Bonne Foi, d'Une

Amitié,

Voilà ce Que

L'Islam,

Représente,

En Tant Que

Culture, Pour Nous.

Il A La Même Valeur,

Sur Le Plan,

Sentimental.

Celle De L'Iconoclasme,

C'Est à Dire,

Du Dépassement,

Des Préjugés,

Et Des Concepts,

comme Prismes,

De Visions,

Du Réel...

'Trahir La Secret,
De La
Connaissance,

Est Trahir,
Le Secret,
De L'Amour.

Trahir, Le Secret,
De L'Amour,

Est Trahir,
Le Secret,

De La
Connaissance'...

c'Est Une Grâce,

De *Savoir,*

Voilà

Pourquoi Il faut
Pardonner.

Mais Le Pardon,

N'Existe,

Sans Bonne Foi,

Et L'Origine,

Du Martyr,

Est La Mauvaise Foi,

Sans Fin...

Du Martyr,

Au Témoignage,

Il N'Y A qu'Un

Pas... / / /

'Ta Rose Est
celle Du Pardon'

/AKA/

Pourquoi Penses
Tu/ Que Je Suis *Noir*/
Alors
Que Je Ne L'Ai
Jamais *Eté*

/?/'

/AKA/

'J'Ai Vu La Mort'

/AKA/

/ / /

**La/
Mauvaise/ Foi///
Est
L'/Absence/
De/
*Sagesse///***

///

**La/ Mauvaise/
Foi/
Est/ à L'/
Origine/
*Du/ Martyr///***

/AKA/

La Sagesse/
**Est
L'/Amour/ Du
Prochain///**

/AKA/

9/ Le Défi
Religieux/

Les 10 Dernières Années
De La Vie
De Notre Mère,

Furent Marquées,

Par Une Maladie Rare,
Et
Orpheline,

Qui L'Amena, à
Vivre,

De Grandes

Souffrances,

Et Qui Participa,

Avec

d'Autres Evènements

A Faire, De Notre
Adolescence,

Et De Notre Vie,

Une Existence,

Inhabituelle,

Et à Part...

/// c'Est cette
Maladie,

Qui Par Ses

Symptômes,

Que Nous Ne
Décrirons,

Pas,

Qui Nous A Amené,

Avec Notre Grand

Mère, Notre Mère, Et

Nous Mêmes,

A Nous Retrouver,

Dans Une Assemblée,

à Caractère

Religieux,

De Type

Assez Inhabituel,

Sur Invitation,

Et à Quelques Reprises.

///

///

Ma Mère, Fit Le Choix,

De Répondre,

à cette Invitation,

Dans L'Espoir,

d'Y Trouver,

Un Peu De Soulagements,

Mais L'Aspect,

Sectaire,

Sans Jugements,

Exagérés,

Ni Définitif,

De cette Manifestation

Religieuse,

Malgré, Des

Fondements,
Culturels,

Et Cultuels,

Dont On Peut,

Toujours,

Discuter,

Nous Amena, à La

Quitter,

Après Quelques

Séances...

///

Nous Ne Nous

Attarderons Pas,

Sur

La Présence,

De Notre, Mère,

Ou De Nos,

Parents, Au Sens

Général,

Du Terme,

Dans cette Mésaventure,

Mais Nous

Focaliserons,

Sur ce Qui Nous A Eté

Dit,

Sans Rentrer, Dans Les

Détails...

Personnellement...

...

Nous Avons Eté,

Interpellé,

Dans cette Réunion,

d'Une Centaine,

à Plusieurs,

Centaines,

De Personnes,

A Plusieurs, Reprises,

Par Un Homme,

Âgé,

Relativement,

d'Une Cinquantaine,

d'Années,

Au Moins,

De Manière Avancée,

Ou Plus,

d'Une Manière,

Qui Nous A Choquée,

Et Nous Perturbe,

Encore,

Un Peu *Aujourd'hui*

...

cet Homme Nous A

d'Abord,

Interpellés, Nous

Disant, qu'Il Y Avait

Une Différence,

Entre Le Bien, Et

Le Mal,

Et qu'Il Fallait,

Choisir...

Semblant, Être

Intrigué, Par

Quelque Chose...

Sans Nous Expliquer,

ce qu'Il Paraissait,

Percevoir...

Une Seconde,

Fois,

Lors d'Une Seconde,

Venue,

Dans cette Assemblée,

Ou Eglise,

Informelle,

cet Homme,

Nous Interpella,

Lorsqu'Il Fut,

Appelé, à

s'Exprimer, Sur

L'Estrade,

Et Après Un Témoignage,

Aux Cotés, De

Son

Epouse,

d'Une Voix Forte,

Et Imprévue,

Par Des Mots qu'Il Nous

Est Difficile

De Répéter...

Il Nous Dit,

En Substance,

Que Nous Devions

Répondre,

à Un Appel,

Et Consacrer,

Notre Vie,

A Un Travail,

Particulier,

ce Qui

Par Evocation,

Ou Interprétation,

Pourrait

Vouloir Signifier,

qu'Une Forme,

De Prédication,

Ou d'Engagement,

s'Imposerait,

à Nous,

De Manière Forcée,

Tôt Ou Tard...

///

Bien Que Nous

Ayons, Cru

qu'Il Ne s'Adressait pas

à Nous,

cet Homme Nous

Interpella,

à Nouveau,

Et Nous Dit Avec

Force,

Que Nous Ne

Pourrions Rien Y Faire

...

Bien Sûr Nous Fûmes

Choqué,

Et Nous

Le Prîmes,

Pour Un Malade

Mental...

///

/// Ce N'Est pas

Une Injure,

De Notre Part,

Que De Dire, Que Nous

Eûmes Pensé,

Ainsi,

Ou Que De L'Ecrire,

A ce Moment

Présent,

C'Est Plutôt Une Manière,

De Témoigner,

Et d'Exprimer,

Le Difficulté,

De Croire,

Le Discours,

d'Autrui,

Sur Toute Question

Religieuse,

De Foi,

Ou De Conviction.

La Foi,

Est Personnelle,

Strictement,

Personnelle,

Pour Un Salut,
Qui
Passe *Par L'Individuation*

Et Bien que Les
Communautés,

Existent,

Sur Le Plan,

Religieux,

Il N'Y A Aucune

Preuve,

Que qui Que ce

Soit,

Puisse Être

Compris,

Au Delà de ce

Que Les Mots,

Permettent,

Et De La Manière
Dont On
Peut Tirer,
Parti,

d'Un Partage

De Conviction...

///

C'Est La Réalité

Cruelle,

De La Vie,

Qui Fait de L'Humain,

Un Individu,

Seul,

Malgré La Fraternité,

Possible,

Au Delà, des
Considérations, Les
Plus
Evidentes...

ce Qui Non Plus,

N'Est pas facile

d'Accès,

à La Compréhension

De Tous...

/ / /

Nous Ne
Jugeons pas cet
Homme,

Bien Que Nous

Percevions,

Son Comportement,

comme,

Tragique,

Aujourd'hui...

///

Qui Peut Juger,

Les Convictions,

d'Autrui,

Tant qu'Elles
Prônent,

Le Respect,

De Ses Semblables,

Et L'Humanité,

Sous Toutes,

Et Au Delà Des Formes...

/ / /

La Foi, Ne Peut Être

qu'Un Iconoclasme,

Elle Ne

Peut Être

Manifeste...

Elle Ne Peut

Véritablement

s'Exprimer,

Que d'Une Manière
Qui
Interpelle

572

L'Inconnu, En

Nous...

Cet Inconnu, *N'Est*
Pas
Un
Inconscient,

C'Est La Conscience,
Rejetée,

Par La Mal, que
Prêche,

ce Monde...

c'Est Notre Âme,

Qui Est La Disposition
Fraternelle,

A Aimer,

Sans Rien Attendre,

En Retour...

Ce Chemin

Personnel,

Qui, Est Un Choix,

Pour Le Rationalisme,

Du Langage

Du Cœur,

Face Aux Questionnements

Humains,

Est Une Voie

Difficile,

Où L'On Perd,

Tout,

Mais Où L'On Sauve,

Sa Dignité,

De Croire, que L'Être

Humain,

Est Libre,

Et qu'Il Doit Le Rester,

Contre Toutes
Apparences...

/ / /

C'Est Une Folie,

Mais cette Folie,

Est Une Sagesse,

Car,

Rien Ne Serait

Possible,

d'Humain Sur cette Terre

Si Personne,

N'Avait Cru, En

L'Humanité,

Ni Défendu, *Ses Valeurs,*

Et Sa Cause, Par Dessus

Tout...

/ / /

Il N'Y Ni Religion,

Ni Idéologie,

Ni Coercition, Autre,

575

Qui Puissent

Garantir,

La Fleur, De

Sincérité,

Que L'On Doit

à Son Âme,

Et qu'Elle Souhaite

Reconnaitre...

C'Est La Bonne Foi,

Mise, *à L'Epreuve,*

De La Méchanceté

Humaine,

Et De L'Hypocrisie,

Qui *Doit*

Surmonter, Le Doute,

Avec Le Sens,

Du Pardon,

Et De La Miséricorde,

Nécessaires,

A L'Eclosion,

De L'Âme,

Et Du Salut...

///

L'Islam,

En Tant que Culture,

Et Par

Le Biais,

De La
Culture, De L'Ivresse,

Nous A Montré,

Un Chemin,

De Dignité,

Qui Fut Difficile,

Mais Qui Nous

A Rendu L'Esprit Clair,

Loin De Tout
Faux Semblants,

Et De L'Egarement,

Le Plus Facile ;

c'Est Un Témoignage,

Pas Un Exemple

à Suivre,

Nécessairement,

Mais Il

Prouve,

Que L'Insolite,

Seul,

Sauve,

Quand L'Humanisme,

Est Réel...

/// Le Salut,

Est Toujours,

578

Un Salut,

Pour Les Sans

Salut...

///

Nous Avons Parlé,

De cet Evènement,

à L'Epoque,

A Notre Second Ami,

Persan,

Et Il Nous A Averti,

Sur La

Dimension

Sectaire,

d'Une Telle,

Exhortation.

Nous Ne Lui Avons

Rien,

Dit,

de ce Qui Nous A
Eté,

Dit,

Mais Il Nous A Invité,

A Pratiquer,

L'Islam,

Et Nous A Dit,

'Pour Moi, Tu Es

Musulman...'

///

Les Interactions

Entre Les

Religions,

Sont Très Complexes,

Et Parfois

Syncrétiques...

Au Delà de *La*

Question

De La Lettre,

Et, De L'Au Delà,

De La Lettre,

L'Islam,

comme Culture,

Est L'Iconoclasme,

Mis En Pratique...

cet Iconoclasme,

Est Salutaire,

Et Marque

Le Salut,

Par Reconnaissance,

De L'Unicité...

///

cette Unicité,

Est

La Marque Du Réel,

Dans Sa Complexité,

Et Sa Poésie,

Dont Les Nuances,

Et Les Degrés

De Registres,

Peuvent Être

Symbolisés,

Par L'Exemple, De La

Langue Arabe...

C'Est Difficile,

De L'Admettre,

Mais L'Intelligence,

N'Est Pas Une Voie,

Pour Tous,

Et L'Amour Du Prochain,

Est *Un*

Rationalisme,

Plus Concret,

Pour Celui Qui Veut

Vivre...

L'Etude, Est Nécessaire,

Dans La Jeunesse,

Mais Au Delà,

Du Seuil Critique,

De L'Intelligence,

Donnée,

En Maitre,

Elle Doit Laisser,

Place,

Au Vécu, Et à La

Pratique...

Où, Le Raisonnement,

N'Est pas

Essentiel,

Et Où La Poésie,

Et L'Art,

Offre,

Des Perspectives...

La Foi,

Abordée, De Manière

Religieuse,

Est Toujours,

Un Problème,

Elle Empêche,

La Beauté, Du Vécu

Et De

L'Expérience,

Qui Est De Faire,

De sa Vie,

Une Prière,

Et De Célébrer,

La Grâce Du Don

Gratuit,

De Survivre,

Par Delà Le Don...

/ / /

La Religion,

Au Sens Arabe De

Mode De Vie,

Est Un Cadre,

Et Un Garant,

Pour L'Expression,

d'Une Foi Saine,

Et Positive,

Mais Finit Toujours

Par Limiter,

Par Son Jugement,

Sans

Possibilité,

Pour Le Pardon...

/ / /

Il Faut Reconnaitre
Ses
Torts,

Pour s'Affranchir

De Sa
Souffrance,

Mais Il Faut Croire

En, L'Humanisme,

Pour Pouvoir Vivre...

L'Humanisme,

Est Une Culture,

Cette

Culture,

Est Un Iconoclasme...

///

Nous Ne Jugeons

Pas

Excessivement,

Un Tel

Evènement,

Car Il Nous A Appris,

Et Permis,

De Devenir,

Adulte,

En Prenant, Seul

Des Décisions,

Sans Attendre,

De Personne,

Et En Assumant, *Nos*

Risques...

/ / /

Il Est Grave,

De Penser Ainsi,

Mais Il Doit Être, Dit

Que Rien Ne

Prouve,

Que Dieu Puisse

Être Reconnu,

Au Delà Du Réel,

Concret,

Accessible à L'Âme

d'Un Individu,

C'Est à Dire,

Au Respect Vital,

De La Possibilité,

De Vivre,

Et Non,

A La Glorification

De La Mort...

/ / /

L'Islam,

Ne Représente, *Ni*

Les Prophètes,

Ni Le Dieu Unique.

Il Est En Cela,

Une Culture,

Rationnelle,

De La Rationalité,

De L'Âme,

Plus Que De

L'Intellect,

Ou De L'Âme,

En Tant qu'Intellect,

Epanoui...

Cette Rationalité,

Est De Ne pas

Croire, qu'On
Connait,

Lorsqu'On ne
Connait

Pas,

En Prenant, pour

Vrai,

ce Qu'On Sait

Pertinemment,

Faux...

Et Bien *qu'On Risque*

Sa Vie,

Ou Celle De Son

Prochain,

Par Mépris,

Et Soucis,

De Nos Intérêts,

Futiles...

L'Amour Du Prochain,

Doit Être
Pratiquer, *pour Être*
Connu,

Même Si Les
Conséquences, Sont

Incompréhensibles...

Il Reste,

Le Meilleur

Critère,

De L'Humanisme,

Et La Preuve,

De La Sincérité...

Nous Préférons,

Un Jeune Homme,

Qui Fume Un Joint,

Avec Un Camarade,

Que *Quelqu'Un*

591

Qui Va Coucher,

Avec Une Fille,

Et Va s'En Vanter,

Devant Tout Le

Monde,

En Croyant Être

Un Homme,

Parce qu'Il A

Couché, Avec Elle...

...

Nous Connaissons,

Les Dangers,

De La Drogue,

Mais Disons,

Que ce Qui Se Manifeste
Aux Uns,
Ne Se Manifeste,
Pas Aux Autres...

Quand Le Loup,

Est à La Porte,

Et Que L'Agneau, Est Sur

Nos Epaules...

Nous Croyons, En

L'Amour,

Mais Nous Distinguons,

La Bonne Foi,

Du Trivial,

Et Prônons,

L'Amour Du Prochain

comme Amour,

Réel.

Quand On Voit,
Quelqu'Un

Souffrir,

On Soulage, Ses

Souffrances,

On Ne Lui,

Demande, Pas

De Faire, Le Mal...

Pour qu'Il Souffre,

Encore,

Plus...

Car c'Est Le Mal,

Qui Fait

Souffrir,

Là Où L'Humanité,

Est d'Avoir

Une Conscience,

d'Être Une Personne,

Et d'Avoir,

Des Limites,

Ce Qui N'Est pas

Une Evidence,

Pour Tous...

///

Entre Deux Maux,

Il faut Choisir,

Le Moindre...

///

Le Moindre,

Est Une Affaire,

De Décence,

Et Dignité Humaine...

///

c'Est à Chacun, De

Choisir...

///

La
Culture Des Jeunes,

Est Souvent Vue comme
Ridicule,

Ou Enigmatique,

Immature,

Et Bizarre,

Mais Elle Permet,

Souvent, Aux Plus
Avertis,

De Trouver Une Voie Et
Une Identité,

*Au Delà Des
Considérations
Sociales,
Ethniques,*

Et Religieuses,

*Là Où La Morale,
Paternaliste,*

Ne Veut Que L'Ordre,

Le Moins,

Vital,

Et Le Plus

Soucieux,

De La
Coercition...

...

On Peut Reprocher à Un
Jeune Homme d'Avoir
Fumer Un Joint,

Et d'Avoir Ecouté
Du
Rap,

Mais Il Est plus
Difficile,

De Le Guider,

Sur Un Chemin,

Sans Juger Sa
Jeunesse
Excessivement,
Ni
Son Droit à Apprendre...

///

Le Seuil De La
Société,

Et Le Matérialisme

Sacrificiel,

Pose La Question

Sectaire,

Et Des Termes,
Incontournables,

Mais Si Peu, Evoqués,

Pour Des Questions,
De
Survie,

Et De Garantie,

De La Vie,
Des
Individus...

///

Il N'Est pas
Evident,
d'Y Répondre,

Ni De Dire,
ce que L'Au Delà, *De*
La
Secte,

Peut Vouloir Dire,

Car Les
Moyens d'Y Parvenir,

Sont Si
Imprévus,

Et Imprévisibles,

Que Nul Ne Peut
Les
Prévoir...

Et c'Est En ces
Termes,

Que La Foi, Se
Pose,

En Posant, *Dieu,*
comme
Au Delà Du
Sectarisme,

ce Qui *Est Problématique*

Car, *Dieu,*
Est Souvent Un
Prétexte,

De Mauvaise Foi,

Ou Un Argument,
De
L'Ordre,

En Antithèse, De
Liberté,

La Liberté,

comme Salut, De
L'Âme,

Etant ce à Quoi, Les
Jeunes
Aspirent,

Malgré Leurs Erreurs,

Et Immaturités,

Face Au Sirènes,

De La Réussite,

Et Des Plaisirs,

Faciles...

///

Ce Sont Les plus
Pauvres,

Qui, Admettent,

Lorsqu'Ils Sont
Incompris,

Et Mis à L'Ecart,

L'Impasse Mortelle,

d'Une Société,

Qui Prêche Le Mal,

Mais ne Le Reconnait

Jamais...

Le Propre, d'Une Secte,

Est qu'On Ne Sait, pas,

qu'On Y Appartient,

Lorsqu'On Y

Appartient,

Et c'Est Le Drame...

Voilà Pourquoi

Dieu,

Est Iconoclasme,

Et Ineffable,

Avant d'Être

Manifestation,

Ou Gérance, Du Monde

Matériel,

Car Dieu, Sauve,

Par L'Insolite,

Non Par Excès De
Théologie,

Mais Capacité à
Reconnaitre,

La Souffrance De Son
Cœur,

d'Avoir Aimé,

Sans Avoir Eté Compris.

On Souffre,

Parce qu'On Est La
Fleur,

On Est Une
Fleur,

Parce qu'On A Souffert...

///

La Fleur, Est

Toujours Une

Grâce...

Quand On L'A
Compris,

On Pardonne Tout.

Rien N'A plus De
Valeur,

Que La Vie,

Et L'Intérêt,

Est Toujours
Fatal...

Le Salut, Est Le
Désintéressement,

Jamais,

L'Opportunisme,

Immédiat,

Qui Tronque,

La Réalité Salutaire,

Pour En Faire,

Un Mauvais Aloi,

Donnant Raison,

Aux Plus Hypocrites...

Voilà Pourquoi

Nul N'A Jamais Vu Dieu,

Ni Ne Peut Le

Représenter,

Par Contraste,

De Toutes
Considérations
Raciales,

Sociales,

Ethniques,

De Nom, Et De Forme,

Ou d'Autorité,

à Dire,

ce qu'Une Personne,

Est,

Ou N'Est pas...

La Bonne Foi,

Et La Fleur De Sincérité,

Seules

Sauvent,

Non, comme Parti

Ingénu,

Ou Crédule,

*Mais comme
Lumière,*

De L'Humanisme,

Et De L'Humanité,

Face,

Au Mal,

comme Séduction,

d'Une Pseudo

Vie,

Revendiquant Un

Sens,

Mais N'En Ayant pas...

L'Islam,

Non comme Religion,

Non,

comme Revendication
Politique,

Mais comme Culture
De
Salut,

Est La Manifestation

De L'Iconoclasme

Amoureux,

comme De Celui,

De L'Amour Fraternel,

Et De L'Amour,

Du Prochain,

Au Sein, De

L'Histoire, connue,

De L'Humanité...

La Vertu, N'Est que
Peu De
Chose, Face à
L'Humanité,

Mais L'Humanité,

Est La plus
Incontournable,

Des Vertus...

/ / /

Lors,
De Cet Evènement,

Dans cette Assemblée,

Nous N'Avons pas Cru,

A ce que ce Monsieur, Nous

A Dit,

Mais Nous N'Avons pas Jugé,

Sa Foi,

Car La Foi,

Est Salutaire...

/ / / *Le Respect, De La Foi*

Est Fraternel,

Au Delà Des Considérations,

De La Prétention, à

Savoir, *ce qu'Une Personne,*

Est, Ou, N'Est pas...

L'Education,

Est De Distinguer,

Le Vice, De La Vertu,

Ou, d'Y Faire, *La Part,*

Des Choses,

Quand L'Amour, Soulage,
Les Souffrances,
Et Apaise Les Cœurs...
/ / /

/ Ne crois
Jamais/ à La
Religion
D'/Autrui/

Chacun/ Est Seul
A Savoir/
Qui Il Adore dans
Son Cœur///

Qui Il Implore/

De Qui/
Il
Pleure/ Le
Souvenir/

Songeant/ à Qui
Est L'/Unique/

A Ses Yeux///

/AKA/

La Sagesse/ c'Est/ De
Savoir/

S'/Arrêter/ *Là/ Où/*
Il faut////

X De Préférer/

Le Soulagements/
Des//// *Souffrances/*

Au Mal////

/AKA/

//// *Dieu/* Est Un
Test/

Le/ Test/ De
La// Sincérité/
&/ De La Bonne/ Foi

Face/ à L'/
Orgueil/ & à La
Prétention/

Le Test/ Est Le
Chemin/
De L'/Humilité/

/AKA/

Lorsque cet

Homme,

Nous A Interpellé,

En Nous

Sommant,

De Répondre,

à Un Appel,

A ce Qui Pourrait

Être Une
Possibilité,

De Prédication,

La Première

Chose,

Que Nous Avons faites,

Est De Renier Notre Foi,

Quasiment,

Ou Plutôt,

De *L'Occulter,*

De Manière Définitive,

Afin qu'Il

N'En Reste Rien,

Dans L'Histoire,

Par

Evidence,

De Ne Pouvoir Se

Prononcer,

Sur La Réalité,

Suprême,

Sur Le Sens De

L'Avenir,

Ou Le Cours,

Des Evènements...

L'Iconoclasme,

L'Imprédictibilité,

L'Unicité,

Du Réel,
Empêche,

Quiconque De Sincère,

De Pouvoir

Dire Trop Vite,

Ce Qu'Il En Sera

Du Lendemain...

Nous Avons Pris ce Pari,

De L'Iconoclasme,

En Amour,

Et Au Cœur,

Des Sentiments,

Et *Nous Ne L'Avons*

Jamais Abandonné,

Depuis,

Malgré Les Echecs,

Le Mal Récurrent,
Et La Fin

De *Toute Crédibilité...*

///

Nous Avons Appris,

L'Importance,

Du Témoignage,

Mais Nous Ne Prêchons

pas Pour

Autant...

La Foi,

N'Est pas Une

Proclamation

Religieuse,

c'Est La

Nécessité

Radicale,

d'Un Salut,

Pour L'Être Humain

Qui N'A pas Droit

Au Salut,

Et Qui Ne Peut Y
Accéder,

Que Par L'Insolite,

Et Le Prix,

d'Un Amour Sans

Retour,

Qui Est Toujours,

Crucial...

///

La Foi,

Est Toujours,

Un Iconoclasme...

... On Ne Sait

Jamais

Qui Est *Dieu*...

Et Il N'Est pas

Toujours

Bon,

De Chercher, à

Le Savoir.

C'Est La Bonne Foi,

Qui Fait Le

Chemin,

Et Au Cœur,

Des Sentiments

Sincères,

Il N'Y A pas De

Place, pour *La Mauvaise Foi,*

Qui Est *Toujours,*

A L'Origine,

Du Martyr...

Nous Avons Vécu, L'Arnaque,
Religieuse...

Nous Pouvons, Donc,
En Témoigner...

On Peut Mentir, Au Sujet
De *Dieu*...

On Peut Se Servir,
De *Dieu,*
Pour Mentir...

C'Est Difficile,
De L'Admettre, Quand *La Foi,*
Est Nécessaire...

Mais c'Est Pourtant, Une Réalité
Incontournable...

Si Nous Avons Continuer,
A Croire, Malgré, Tout,

Malgré, L'Impasse,
De Tout Humanisme...

C'Est Parce qu'Il N'Y a pas Vie,
Sans Espoir,

Et Que Sans Espoir,
L'Humanité, N'Existe Plus...

C'Est Le Devoir, De Chacun,

De Choisir, Ses
Convictions...

Et, de Les Assumer,
Au Rendez Vous De La
Sincérité…

L'Existence, De *Dieu,*
Est Indémontrable…

Mais La Foi, Sincère, *Sauve
Les Âmes…*

Toute Religion, Est
Problématique,
Dès Lors, qu'On Y Confond,
Fin, Et Moyen…

Mais, Nous Demeurons, Sobre,
Et Face à L'Islam,

Qui Ne Représente,

Ni La Réalité,

Suprême,

Ni Les Prophètes,

Et Les Envoyés, De
Dieu…

Admettant, Ainsi,

Qu'Il Est Toujours,
Dangereux,

De Se Prononcer,
Sur ce qu'On *ne Connait,*

Pas,

Ou ne *Peut Connaitre...*

Le Réel,

Est Un,

Et Le Réel,

Est Préférable,

A La Divinité...

L'Orient, Seul,

Définit, Le Réel,
Comme Inconnaissable,

Source, Des Manifestations,

Et Résolution,
De Leur Impermanence...

Cela,

Les Doctrines Asiatiques,

Le Disent...

L'Islam,

Comme Culture, Soufie,

Le Dit,

La Poésie,

Et La Culture, *Ismaélienne,*

Le Disent,

L'Essence, De La
Poésie,

Persane, Et Arabe,

Le Dit.

Être, Condamné,

Pour Un Peu de Musique,
Et d'Ivresse...

Est, *Le Début, Du Témoignage,*

De La Poésie, comme
Salutaire...

Et De L'Amitié,

Comme, Salvatrice,

Quand,
Elle Reste, Dans Les Limites,

Humaines...

///

Nous Avons Eu Un Parcours,

De Bon Garçon,
Exemplaire,

Et,

En tant que Bon Garçon,

On Nous A Voué,

Au Sacrifice,

Et à L'Impasse...

Nous Croyons, à L'Ethique,

A la Moralité,

Au,
Chemin Droit,

Non, pour Juger,

Mais Apprendre, à
Reconnaitre, ce Qui Est Bon,
Dans La Vie...

Partager,

Une Ivresse,
Avec Un Ami,

A Du Bon...

Mais Prédire,

Un Destin,

Au Nom De *Dieu,*

Sans Croire, *A La Sincérité,*

De Celui,
Qu'On Juge Et Condamne,

A cette Fatalité,

Est *Un Crime, si L'On*
Refuse,
De Reconnaitre, Ses Torts...

Les Ecritures, s'Adressent,
A Tout Le Monde,
Mais Il faut Être Sage,
Pour Les *Comprendre...*

/ / /
A Défaut,

De Faire, De La Religion,

Un Absolu,

Et pour Cause,

On Peut Respecter,

Les Ecritures,

Comme Source De Sagesse,

Sans Prétendre,

Pour Autant,

Être, Un Religieux,

Ou, Un Juge,

Du Bien, Fondé,

Des Actions...

L'Amour Du Prochain,

Est Toujours,

Salutaire...

Au-delà, Du Vrai,

Et Du Mensonge,

Il Y a Un Réel,

Salvateur,

Pour Mettre, Fin,

Aux Illusions,

De Préjugés,

Face Aux Cas,
Particuliers.

L'Unicité,

Du Réel,

Est Le Salut.

Être, Crédule, Est Un Danger...

Croire, Est Une Issue,

Quand Rien N'Est Possible.

La Poésie, Est L'Issue, De
L'Impasse.

Le Sage, Ne Se Prononce,

Jamais,

Sur Le Réel,

Sur La Nature,

De *Dieu,*

Sur Sa Réalité,

Ni Sur Son Intention,

A L'Attention,

Des Pauvres,

De La Condition,

Humaine,

Des Egarés,

Face Aux Plaisirs,

De La Société,

Là, Où L'On Donne,

Tort,

A Celui,

Qui A Appris,

A Reconnaitre,

Ses Torts,

A Aimer, Son
Prochain,

Et à Pardonner…

/ / /

Il N'Y A Rien, De Réel,

Il,

N'Y A Rien,

De Vraiment,

Spirituel,

*Mais L'Amour, Le Plus
Digne,*

Vécu, Dans La Chair,

Et L'Eau,

*Donne à La Bonne Foi,
Un Sentiment, d'Ivresse.*
… C'Est *Une Fleur, De Sincérité.*

/ / /

10/ Entre L'Eclipse & La Tempête/

Une Attestation

comme, Souvent,

Notre, Second, Ami
Persan,

Nous Appela,

Ou, Vînt, Sonner,

Chez, Nous,

à L'Improviste,

Parfois,

Tard, Le Soir,

Parfois, En Guettant,

Notre Retour,

Du Lycée,

Ou De La Fac...

Il Avait Souvent,
Eté,

Témoin,

De Notre Désarroi,

Et De Notre,
Tristesse,

Face Au Disputes,

Que Nous Avions,
Avec Notre

Mère,

Ou Avec Notre, Famille,

Bien Que *L'On Eût Dit,*

De Nous,

Que Nous Etions,

Un Garçon,

Sans Problèmes,

Et Irréprochable...

/ / / En, Proie,

Également,

A De Nombreux,
Conflits,

Familiaux,

Notre Second, Ami Persan,

Venait,

Chercher, Auprès De
Nous,

Une Ecoute,

Une Attention,

*Qu'Il Ne Cru, Pouvoir
Trouver,*

Ailleurs...

Nous Nous Epaulâmes,

Sur Le Chemin,

Et Nous Eûmes, Très Vite,
Des Partages,

Fraternels,

Aux Conséquences,

Que Nous Ne Pouvions,
Prévoir...

///

Alors, Que Nous Etions,
Encore,

Préoccupés,

Par Le Défi,
Religieux,

Qui Nous Fut Lancé,

Dans cette Congrégation
Inhabituelle,

Nous Partageâmes,

Nos Préoccupations,

Avec Notre Acolyte,

Sans Rentrer, *Dans Le Détail*
Des Evénements.

Il Fut Surpris, Et
Choqué,

Nous Avertissant,

De Prendre, Garde,

Au Phénomène,

Sectaire...

ce Que Nous Eûmes,

Pas De Mal, à
Comprendre,

Avec Notre Caractère,

Méfiant...

Il Nous Proposa,

De Partager,

Un Repas...

Et Un Moment, d'Ivresse,

Pour Nous Evader...

Alors Que Nous Etions,

Assis,

Dans Un Coin,

Du Quartier,

Près De L'Eglise...

Il Nous Demanda...

'Pourquoi [Partages Tu ce Moment

Avec, moi, Et

631

Pourquoi, Fréquentes

Tu, Des Iraniens.../...?'

Nous Lui Répondîmes,

'J'Ai Une Culture,

Qui m'Empêche, De Juger

Quelqu'Un Sur Ses

Origines,

Ou Sur Sa

Couleur...'

Il Nous Dit... L'Air
Surpris...

'T'Es Noir,

Tu Fréquentes Des Iraniens,

Et Tu Partages ce Moment,

Avec moi...?'

'Tu Es Etrange...

Tu Es Un Homme,

Etrange...

C'Est Un Honneur,

De Partager, ce Moment,

Avec Toi...'

Alors Nous Lui Offrîmes,

Un Cadeau,

De Retour d'Europe,

Centrale...

Et Il Nous Dit

'Je N'Ai jamais Vu,

Quelqu'Un comme,

Toi...

[Tu Offres, Un Tel

Cadeau, à Un Iranien?]'

'Partageons, ce
Moment Ensemble...'

Nous Partageâmes, ce

Moment,

d'Ivresse,

Puis Nous Nous Mîmes,

à Marcher, Dans L'Allée,

Du Parc,

Jusqu'à Atteindre,

La Rue,

Qui Se Trouvait,

Non, Loin,

Du Lieu, De Notre

Première Rencontre...

Il Nous Dit...

'Tu Veux, Être Musulman?'

'Tu Veux, Être Musulman?'

Nous Lui Dîmes,

'Je Ne Peux m'Engager,
comme ça...'

Il Nous Dit,

'Tu veux Être

Musulman...?

Répète, Après

moi...

lâ 'illâha 'illâ -llâh

...'

Nous Répétâmes,

cette Forme,

Abrégée,

De La Shahada...

Sans La Conviction

De Nous

Engager,

à Autre Chose,

qu'à L'Amitié...

Il Nous Regarda,

Nous Serra,

La Main,

Et Nous Dit,

'Tu Es Musulman,

Tu Es Mon Frère...'

'Nous Sommes Frères...'

Il Nous Invita,

à Faire, La Prière,

Nous

Nous Mîmes, à Genoux,

Etourdis, Par

L'Ivresse,

Et Nous Priâmes,

Dans La Rue...

Scellant,

Ainsi,

Une Sincérité,

Et Une Amitié,

De Partage,

Et De Désintéressement...

Ce Moment,

Eut Lieu, *Entre L'Eclipse,*

De Soleil,

Du Mois d'Août,

Et La Tempête,

Du Mois de Décembre,

De L'Année, 1999.

Nous Fûmes,

En Allemagne,

Lorsque L'Eclipse,

De Soleil,

Se Manifesta...

Mais, Nous Assistâmes,

à La Tempête,

Du Mois De Décembre,

Et Arpentâmes,

Les Rues,

Ensemble, Le Lendemain,

Avec cet Ami,

Qui Nous Reconnus,

Frère,

Et Se Refusa,

à Nous Abandonner,

à Notre Tristesse...

///

Notre Camarade,

Notre,

Second Ami Persan,

Ne Nous Prêcha,

Pas L'Islam, De Manière,

Religieuse,

Mais Nous Y Invita,

Amicalement,

comme, *Sous la Forme,*

d'Une Invitation,

à L'Amitié,

Sans Que La
Compréhension,

De Savoir,

Qui Est Musulman,

Parmi *Ceux, qu'On Dit*

L'Être,

Et Parmi, *Ceux,*

Dont On Dit,

qu'Ils Ne Le Sont Pas,

Ne Soit,

Compréhensible,

Pour Nous,

Qui Etions Trop Jeune,

Pour Voir,

La Beauté,

De Notre Engagement.

De Même,

Nous Eûmes,

Aussi,

L'Occasion,

d'Inviter, à L'Islam,

Des Personnes,

Musulmanes,

Par Héritage, Familial,

Par Lignée,

Par Tradition,

Qui Furent Surprises,

Par Nos propos,

Et Se Rendirent,

Très Vite
Compte,
Qu'Ils Ignoraient,

Des Choses,

Sur Leur Religion.

Alors, que Nous

N'Etions *Censés,*

Être Musulmans,

Et Que Nous N'Etions

Censés,

Parler L'Arabe,

Nous Avons Evoqué,

Face à Des Personnes,

Averties,

Des Subtilités,

Théologiques,

Métaphysiques,

Coraniques,

à L'Âge d'A Peine,

23, ou 24

Ans,

En Prononçant,

Des Mots d'Arabe,

Devant Eux,

Par Seul Ressenti,

d'Une Langue Que Nous

Avions Entendue,

Enfant,

Avant, de Savoir,

Vraiment, Parler...

///

Nous Avons Très Vite
Evolué,

Dans De Hautes,
Sphères,

De Savoir,

Alors Que Peu, Avant,

Nous Ne Savions,

Rien,

Et Nous Avons

Rivaliser,

Avec Les Sujets,

Les Plus Difficiles,

Sur Le Plan,

Technique,

De L'Intellectualisme,

Pour Faire,

Fleurir,

L'Objectif,

d'Accorder,

à L'Amour, Et Son
Innocence,

Sa Valeur, De Salut,

Et De Rédemption.

Nous Nous Engageâmes,

Avec La Sincérité.

Et Nous Tînmes, Notre

Engagement.

Nous Avons Trouvé,

Quasiment,

Seul,

La Voie de L'Arabisme,

Seul, Dans Nos Etudes,

Et Face à Nos
Convictions,

De Jeunesse...

Et Nous Avons

Trouvé, Un Frère,

Nous Sommes Devenus,

Frères, Sur Le

Chemin...

///

Entre Une Eclipse,

Et Une Tempête,

Terribles,

644

Nous Avons fait,

Une Attestation.

///

Dans L'Interrogation

d'Une Fin,
Du
Monde,

Face Au Jugement,

De Soi/Même,

Devant Le Réel, Un,

La Réalité,

Suprême,

L'Unicité Du Réel,

Un Salut, s'Est Offert,

à Nous,

d'Être, Authentique,

En Amitié/s...

///

d'Être, Frère, pour

L'Avoir
Compris,

Et De Ne railler,

La Beauté, Des
Sentiments...

///

Notre Ami, Nous Fît,

cette Invitation,

Après, *Que Nous Lui*

Fîmes,

La Notre,

à Croire, En Un *Dieu,*

Unique...

Au Delà, De Toute,

Religion,

ce Qui Fut, Un Appel,

à L'Islam,
comme *Culture,*

Et Humanisme.

///

Il Nous Demanda,

Si Nous Etions,

Musulmans,

Et Nous Lui Dîmes, Que

Nous Ne Pouvions,

Répondre.

Avant De Trouver,

Sa Religion,

Il faut Chercher,

Longtemps,

Après Avoir Vu,

L'Unique, Réalité,

On Ne Croit,

plus En *La Religion.*

Une Histoire,

d'Amitié,

d'Ivresse, Et *De Partage/s,*

De Musique,

d'Appel, Au Savoir,

Et à La Sagesse,

à La Prière,

Face Aux Premiers,

Emois, Amoureux,

Est *Un Meilleur,*

Hommage, à L'Islam,

Pour Qui Sait,

qu'Aimer,

Permet, Une Approche,

Parfaite,

En Toute, Bonne

Foi,

De La Vérité,

Théologique,

Et Du Réel, Métaphysique,

Des Pauvres.

**Les 5/ De/ La
Part/
Décente///**

**Ne/ Sont/ *pas*
Une/
Option/ pour
L'/
Extrême///**

**Mais/// *Une*
Reconnaissance/
De
La Suprême/
Bonne/ Foi///**

/AKA/

11/ L'Apocalypse
& Le Coran/

Dans Toutes,
Les
Civilisations,

La Question Du Sacré,

Est, à L'Origine,

De L'Humanisme,

Et Du Rationalisme,

Dans L'Optique,

Salutaire,

De L'Amour Du
Prochain...

///

A Travers, Nos
Errances,

De Jeunesse,

Et La Confrontation,

Avec Le Seuil,

Souillé,

De La Société,

*comme, Dans Le
Tourment,
Des
Conflits, Parentaux,*

La Quête, De Sens,

comme, La
Recherche, De Salut,

Nous Ont Amené,
à
Nous Tourner, Vers Les
Ecritures,

*Bibliques, Dans Un
Premier,
Temps,*

*Puis Coraniques,
Dans Un
Second.*

/ / /

A L'Epoque, Des Années,
90,
Finissantes,

Et De L'Annonce,

De L'An 2000,

Intrigué, Bien Que Méfiant,

Nous Avons fait,
Le
Choix,

De Lire, Les Evangiles,

Et L'Apocalypse,
En
Particulier,

Face à Un Ancien,
Testament,

Qui Nous Paraissait,

moins, Accessible,

Mais Vers Lequel,

Nous Sommes Revenus,
Plus tard,

Par Soucis,

De Complétude.

///

La Mention,

De Vertueux, Vêtus,
De
Blanc,

De Victorieux,
De
Blanc, Vêtus,

Dans Le Livre,
Apocalyptique,

De Jean, L'Evangéliste,

comme, Du Livre,

Au Goût, De Miel,

Qui Devient Amer,

Nous A, Interrogé,

Sur L'Iconoclasme,

d'Un Tel, Texte,

comme, Sur Son Sens

Profond,

En Parallèle,

Avec La Diversité,
Des
Cultures,

Et La Fin Dernière,
Des
Religion,

Abrahamiques.

Lorsque Jean, Se Met,
à Genoux,

Devant Jésus,

Jésus, Lui Demande,
De Ne

Pas Le faire,

En
Accord, Avec La Parole
Evangélique,

Selon Laquelle,

'Celui Qui fait,

La Volonté,
De

Dieu, Est Son Frère',

Non, Par La Chair,

Ni Par Le Sang.

///

Le Parallèle,

Entre Les Niveaux,

De Lecture,

De L'Apocalypse,

De Jean,

Et Les Principes,

De L'Islam,

Est Un Sujet,

d'Etude/s,

De Certains,

Chrétiens, Parmi Lesquels,

Les Réformés.

L'Islam, Ne Peut,

Être compris,

En Dehors, De

L'Islam.

Mais, L'Islam,

Dans L'Au Delà de La
Lettre,

Et Par cet Au Delà,

s'Appuie,

Sur La Diversité,

Des Cultures,

*Par L'Unicité, Du
Réel,*

Pour Démontrer,

qu'Il Est Bien,

La Religion,

De Dieu.

///

Jean, Sous L'Angle,

Islamique,

Est Le Frère,

De Jésus.

Jean, *(Yahyà/Jean
Baptiste)*

657

Dont L'Homonyme,

Est L'Evangéliste,

comme, Par

Truchement/s,

(Yuhanna, Yuhannan,
Hanna / Jean L'Evagéliste
-Yahyà Et Yuhanna / Hanna
Etant, des Formes Equivalentes,

Avec Des Degrés, Différents,
d'Arabisation / s)

Est Qualifié,

d'Avérateur, De Jésus,

(Isā)

Et *De Seigneur,*

Du Désert...

De Par Sa Solitude,

Et De Par,

Sa Prédication,
Ou Appel, *à La*

Repentance,

Dont L'Esprit, Est

Islamique,

Et Dont Le Nom Jean,

Est Une
Consécration,

En Tant Que Grâce,
Et Pardon,

De Dieu.

///

La Problématique,

Des Deux Jean,

Au Delà De ce Que

La Culture,

Traditionnelle,

Peut Nous En Dire,

Informe,

Le Chercheur,

De Vérité,

Sur L'Importance,

De L'Unicité,

Face Au Double,

Et Au Dual,

comme, L'Importance,

Du Salut,

Y compris,

Et Surtout,

Pour les Sans,
Salut,

Dans Le Maelström,
De
L'Illusion,

Du Monde,

Et Du Grave,

Mensonge,

De La Société.
La Colombe,

Est Le Signe,

De Jean,

Le Baptiste,

Bien qu'Elle Soit

Associée,

à Jésus,

Par Le commencement,

De Son Ministère.

La Colombe,

Dans Le Passage,

De Témoin,

De Jean, à Jésus,

Son Frère,

Cadet,

Bien Que Dit,

Cousin,

Selon Les Termes,

Chrétiens,

Est L'Iconoclasme,

De La Blancheur,

Et De L'Innocence,

Autant, Que *Leur*

Liberté...

cette Immaculation

Symbolique,

Et Concrète,

Se Retrouve,

Chez Les Soufis,

Qui Ont *pour Saint*

Patron,

De *Pauvreté,*

Le Jésus, Coranique,

Isā,

Vêtu De Laine,

A L'Instar,
Des

Soufis...

Et Dont, La Voie,

Toute/s Différence/s,

Religieuse/s,

Incontournable/s,

Mise/s à Part,

Est Également,

celle, Du Pardon,

De La Repentance,

De La Pauvreté,

Et De La Célébration,

De La Bonté,

De Dieu,

De Sa Clémence,

*Et De Sa
Miséricorde...*

///

Dans Son Langage,

Nébuleux,

Et Abstrus,

Et Malgré,

Une Terminologie,

Très Chrétienne,

L'Apocalypse,

Est Une Annonce,

Du Coran,

Qui Concrètement,

Dans Ses Textes,

Met, L'Accent,

Sur L'Eschatologie,

La Fin Des Temps,

La Dimension

Mortelle,

De Toute

Civilisation,

Des Peuples,

Face à L'Avertissement,

Et Aux

Avertisseurs,

Qui Ne Sont Chargés,

Que d'Avertir,

Mais Qui Ont Du

Affronter,

La Méchanceté,

Humaine,

Et L'Hypocrisie,

Dans La Douleur,

De L'Exclusion,

Et Du Jugement,

Définitif,

Du Prochain...

///

Le Blanc,

Est La Couleur,

Du Vêtement,

Islamique,

En Rapport,

Avec L'Arabisme.

///

Les Prénoms,

Et Noms,

Jean, Khan, Han,

Yohan, Hind,

Evoquent,

Autant Les Indes,

Que L'Iran,

Et Le Sous

Continent,

Indien,

Qui dans cette

Optique,

Sont Appelés,

A Approfondir,

La Thématique,

Du Pardon,

Ainsi Que Nous

L'Avons Dit,

Dans d'Autres,

De Nos Textes,

En Abordant, d'Autres

Sujets...

Et Notamment,

Celui,

De La
Couleur...

///

En ce Qui

Concerne,

L'Iconoclasme,

Et L'Unicité,

Du Réel,

Par Delà

L'Entendement,

Intellectuel,

La Réalité,

Du *Hanifisme,*

Et De La Notion,

De *Hanif,*

comme Aperçu,

De L'Islam,

Originel,
Et De L'Au Delà

De La Lettre,

Nous Indique,

668

Une Voie à Suivre,

Autant,

qu'Une Erreur,

à Ne pas commettre,

Sur La Question

De La Pureté,

Du Mélange,

De L'Unique,

De L'Unicité,

*Du Sans
Contraire,*

De la Pureté,

Sans Contraire,

Face à L'Opprobre,

Et à La
Souillure,

Dans Le Contexte,

De L'Exclusion,

Et De L'Auto/Discipline,

Face Au Salut,

Et à La Tentation,

Mais Aussi, à La

Trahison...

///

12/ *Les Deux Gazelles* *Ou*/Les Frères Ghazali/

Les Frères,

Ghazali,

Qui Furent,

Abou Ḥamid Moḥammed ibn Moḥammed al-Ghazālī

Ou

Abu Hamid Muhammad al-Ghazali al-Tusi al-Nisabur

Connu, Sous Le Nom

De *l'Al Ghazel,*

Dans L'Occident,

Médiéval,

Et,

Ahmad Ghazali

Ou,

Majd al-Din Abu'l Fotuh
Ahmad Ghazali, Sont Restés dans La

Postérité. ... Ahmad Ghazali,

Fut Le Petit

Frère,

De *Al Ghazali Abu Hamid,*

Il Fut,

Un Maître Soufi, Un Ecrivain,
Auteur De Plusieurs

Livres,

Un Enseignant,

Et *Un Prédicateur.*

Il Naquit En 1061 Et Mourut En
1123 ou 1126.

Sa Postérité,

Dans Le Soufisme,

Est Largement,

Reconnue,

Même *Si La Célébrité,*

De Son Frère

Ainé,

Abu Hamid Ghazali,

A Souvent,

fait Oublier,

La Sienne...

Ahmad Ghazali,

Est Une Référence,

Dans Le Soufisme,

Ses *OEuvres,*
Sont Etudiées,

Par Les Passionnés,

De ce Domaine.

Abu Hamid Ghazali,

Fut

Un Théologien,

Et Philosophe,

Musulman,

Imam,

Prédicateur,

Enseignant,

Considéré, A Travers

Les Epoques,

comme Un Personnage

Incontournable,

De La Théologie

Islamique,

De Son Savoir,

Et De Sa
Culture,

Parmi Les Grands

Philosophes,

Et Penseurs,

Musulmans, Du

Moyen Âge...

Il Fut Enseignant,

Et Imam,

à L'Université,

Ou *Madrasah An-Nidhâmiyyah*

De Bagdad,

Où Il Brilla, Par Son
Eloquence,

Et Où,

Il Enseigna,

à De Nombreux Disciples,

Venus, De Très Loin,

Pour Apprendre,

Auprès De Lui.

Al Ghazali,

Est Très connu,

Pour Sa Synthèse,

Des Philosophes,

Musulmans,

De Son Temps,

comme Pour La Réfutation,

De Leurs Thèses,

Par Son OEuvre,

L'Incohérence

Des Philosophes,

Qui De Même, Qu'Il

Les Critiqua,

Fut Critiquée,

à Son Tour...

Par d'Autres

Réfutations Postérieures.

Le Fin,

De sa Vie,

Se Caractérise,

Par Un Abadon Total,

De Ses Privilèges,

Et De Sa Renommée,

Pour Une Vie,

De Pauvreté,

Consacrée,

Au Soufisme,

Et à La Prière,

Loin, De L'Intellectualisme,

Et De La Vie,
Intellectuelle,

Qui Le Rendit,

Célèbre,

Et Caractérise,

La Majeure, Partie,

De Ses OEuvres,

qu'Il Renia, En

Partie...
... Ce Parti Pris,

Pour Le Soufisme,

A La Fin,

De Sa Vie,

Et L'Abandon,

Des Sciences
Islamiques,

Pour La Prière,

comme Mode De Vie,

Est Une Des

Critiques,

Les Plus Brûlantes,

Que Lui Opposent,

Les Fondamentalistes,

Qui, Par Ailleurs,

Le Place, Au Dessus

De Tout,

Sur Le Plan,
De La Valeur,

Religieuse,

De Son OEuvre...

Le Père, Des Frères,

Ghazali,

Mourut, Jeune,

Et Malgré, Une Origine

Modeste,

Les Frères Ghazali,

connurent,

Tous Deux, Un

Destin, Hors Norme/s,

Par Une Contribution,

Considérable,

Au Savoir Des
Humanités,

Au Delà,

De La Question,

Première,

Et Fondamentale,

De La Religion...

Ce Qui Est Une Preuve,

De La Beauté,

Et De La Féerie,

*Si ce Mot, N'Est pas
Impropre,*

De ce qu'Est

Un Grand Destin,

Et Des Raisons,

Pour Lesquelles,

Il s'Accomplit...

Bien qu'Al Ghazali,

Fut Au Summum,

De La Renommée,

Pour Un Imam,

Un Théologien,

Et Un Enseignant,

En Matière,

De Religion,

Il Reconnu, Ses

Erreurs,

Et Les Limites,

De Son Intellectualisme,

De Sa Célébrité,

Et Des Honneurs, *De*

Ses Fonctions,

Pour Rejoindre, La

Voie, De Son
Frère,

Cadet,

De La Pratique,

Du Soufisme,

Et De L'Humanisme,

Des Profondeurs,

En Religion...

Son OEuvre,

Revivification
Des Sciences De La
Religion,

Synthétise,

Cette Approche,

d'Une Foi,

Vivante,

Et Pratique,

Sans Théories.

/ / /

Parmi *Les OEuvres,*

Emblématiques

D'Al Ghazali,

On Peut Citer,

Ses Livres,

Sur La Prière,

Mais Aussi,

682

La Maitrise,

Du Désir,

Charnel,

Dans Lequel,

Il Approfondit,

La Question Du Désir,

Et De Ses Limites,

La Possibilité,

Ou L'Impossibilité,

De Se Marier,

Le Rôle De La Vertu,

Face Au Désir,

Et Au Regard...

Bien que cet Ouvrage,

Soit Très Court,

Et Succin,

Tout En Etant
Complet...

/ / /

L'Amour, Est Souvent
Une
Hésitation...

Parfois,

On Voit Deux Gazelles,

Mais Il N'Y En A
Qu'Une...

La Gazelle,

Est Libre,

Et Elle Doit,

Le Rester...

Sans Gazelle,

Libre,

Il N'Y A pas

De Liberté,

En Amour...

La Légende, Du

Prince, De Balkh,

Est Une Illustration

De ce Sujet.

Le Prince, Alors qu'Il
Était à La

Chasse,

Tombe Sur Une

Gazelle, Qui Se

Met à Parler...

Et Lui Dit,

Ou Lui Demande,

'Es Tu Né, pour Tuer,

Es Tu Né,
Pour Cela...?'

Avant qu'Il Ne Se

Repente,

Et Ne Devienne,

Un Soufi...

/ / /

La

Gazelle,

Est Chère, Aux Arabes,

Et La Gazelle,

Blanche,

L'Est Encore, Plus,

Sous La Forme,

De L'Oryx,

Symbole, De La

Fierté,
Arabe,

Défini,

De Surcroit,

Dans L'Interprétation

Des Rêves,

De Ibn Sîrîn,

Comme Un Symbole,

De L'Imam,

Reclus,

Loin,

De Toutes,

Traditions,

Religieuses

Et Des Lignées,

Prophétiques,

Mais Pas moins,

A Même,

De Vivifier,

Une Pratique,

Ou d'Être,

Une Guidance, Pieuse,

Un Ascète,

Ou Un Innovateur,

Dans Le Cadre,

Du Bien,

Face Au Blâmable,

Et à L'Egarement,

Dans Le Pardon,

Et L'Humanité,

La Plus

Juste…

/ / /

L'/Arabisme/s/

Est//
L'/Intuition/
De/
L'Humanisme/
comme/
Conformité///
Au/
Réel///

/AKA/

AK.

Qui/ Est Le plus
Arabe/
De Nous Deux/ / ?/

/ / /

La Mauvaise/ Foi/
Est/ A L'/Origine/ *Du*
Martyr/ / /

Il Y/ A Une
Fleur/
Au/ Cœur/ De
L'/Arabisme/ s/ / /

Nul Ne Fut/
Avant L'/Autre///

/AKA/

J'/Etais Arabe/
Avant La Venue/
Au/
Monde///

///

Je *Connais/* La
Limite d'/Être Frère/

/AKA/

**///L'/Orthodoxie/
Est Le Dépassement/ De
La Condition///Raciale/
X/L'/Amour/ Du
Prochain///**

/AKA/

*Il/ N'/ Y A pas
De Vérité Raciale///*

La Réalité/ Est L'/Âme/

/AKA/

L'/Islam/ Est Une/
Culture/
Profonde///

La Supériorité/
Raciale/ N'/Y A pas
Sa/
Place/ / /

/AKA/

La Vérité/
Luit/
En Plein/ Jour

/ / /

/ / / Es/ Tu/
Un Partisan/
De

La Lumière/?/

/AKA/

Ne/ Fais pas *La/*
Guerre/ à Ton Frère/
Pour *Être/*
Plus Sombre que Lui/

Le/ Salut/ *Est La*
Lumière/
De L'/Amour Du Prochain

/AKA/

Je /N'/Ai pas La
Prétention/
De
Croire/ / / Mais
Chaque/ Jour/
Je
Prie/
Sur Un/ Tapis
Couleur/
Safran/ De
Vin/ / / Versé/

/AKA/

L'/Arabisme/s/
Se
Situe//
Au/x/
Niveau/x/ De
La
Langue// *X*
De/
La
Culture///

///

Le Troisième/
Plan/
Est
L'Humanisme///

/AKA/

L'/Examen/// De
Conscience/

///

La/
Critique/
Est
L'/Effort///

///

L'/Effort/ *Est/*
La
Grande/ Guerre/
Contre/
Soi/ Même///

/AKA/

La
Culture/// Est
Le
Grand/
Combat///

/AKA/

/ / /

L'/Amitié/
Entre
Africains/ X Orientaux/
Est
Suffisamment/
Rare/
pour Être Honorée/
Quand Elle
Existe///

Quand/ On A
Vu/
La Sincérité/
On/
Ne La Trahit/
Pas///

/AKA/